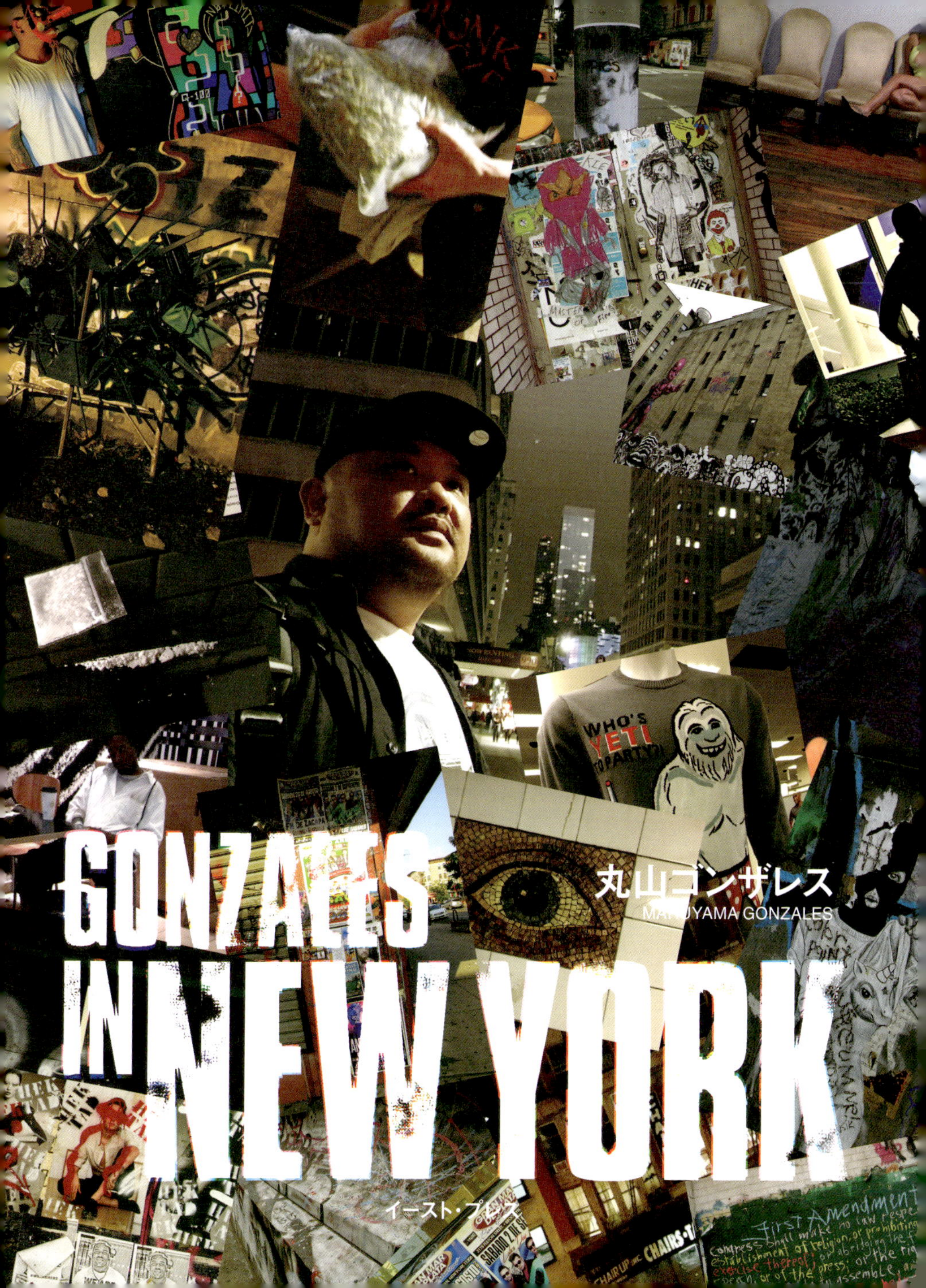
GONZALES
IN NEW YORK
丸山ゴンザレス
イースト・プレス
WHO'S YETI TO PARTY?
First Amendment

PROLOGUE

ニューヨークの闇もまた魅力である

ニューヨークは、ジャーナリストの俺にとって取材で訪れる街だ。特にここ数年は何度となく滞在している。なぜかといえば、「都市は生き物である」との認識があるからだ。常に変化が生まれ、訪れるたびに違った姿を見せてくれるのだ。

最近では、世界中の街を取材することが増えたせいか、これまでに見えなかったことも見えるようになってきた。いろんな街と比較することで、この街が独自の発展をしている場所だと感覚的につかむことができた。アジアやアフリカのスラム街、東ヨーロッパの路地、香港のビル群の隙間……。特に似た匂いを感じたのは新宿、それも歌舞伎町だった。この匂いを感じ取ったとき、はじめて街を「立体的」に見ることができたと思う。

街をレポートするときに俺は「立体的に見る」ということが多い。これは、ガイドブックやテレビ番組がクローズアップするいい部分や、インスタグラムやフェイスブックに投稿されるきらびやかな部分と対をなす存在を織り込んで見るということだ。

もう少し具体的に言うと「都市の闇」である。これを含めて見ることで立体的になるのだ。闇といっても、別にそれ自体は悪いものではない。人が避けて通るような場所だって、その都市を構成する要素なのだ。闇を象徴する場所があるからこそ、清濁両面があわさってはじめて都市の顔といえるのである。

「そんなのは錯覚で、ニューヨークはそんな街じゃない！」と、それこそ在住者やウォッチャーに怒られそうだが、それでもいいと思う。

本書はあくまでヨソモノである俺の目線によって切り取られたものである。当然、他の人とは見え方も感じ方も異なってくるだろう。それはニューヨークに限ったことではない。歌舞伎町にいると「住人」と呼ばれる人たちに出会う。彼らはずっと街にいる。歌舞伎町で仕事をして、歌舞伎町や周辺で暮らしている。文字通りの住んでいる人たち。俺は連中と付き合いはあっても、住人にはならなかった。取材者として観察し続けたいから、微妙かつ絶妙に距離をとっていた。当事者として歌舞伎町ストーリーに参加する気がなかったからでもある。実際には、多少のトラブルには巻き込まれていくことになるのだが。ともあれ、ニューヨークでもヨソモノとしての視点で見つめてみたから気がつくこと、拾ったネタ、出会った人がいる。それらが自分のなかに溜まっていくに従って、ヨソモノ視点で集めた街の断片をまとめて、俺視点のニューヨーク物語を編んでみようと思った。

こうやって集めたひとつひとつのエピソードは、直接、街と関係なさそうに見えることもあるだろう。だが、通して読んでいただくことで、俺の見た立体的なニューヨークをお伝えできるのではないかと思う。そうでなかったとしても、ひとりの男の体験記としてご笑納いただければ幸いである。

CONTENTS

01

ロングアイランドシティから夕暮れのマンハッタン島を望む。

得体の知れない街

アメリカに行く。それもニューヨーク。そう伝えると、聞いた人は「ヤバイところ、あるんですか？」と不思議そうに返してくる。本書を手にとった人はおわりかりかもしれないが、俺はジャーナリストとして、危険地帯を中心に取材をしている。なので、そんな聞かれ方をされるのはわかる。ただし、この問には「危ない場所なんてない」という認識が含まれている。だが、それは読みが甘い。俺にしてみれば、「なんでもあるだろ、だってニューヨークなんだから」である。

ニューヨークは人口およそ2000万の巨大都市で、多くの人種や職業の人が集まり、巨大な経済圏になっていれば、想像できる種類の犯罪や社会問題は必ずある。もちろん、「何度もニューヨークに行ってるけど危ない目に遭ったこともなければ、犯罪なんて聞いたこともない」と言う人がいても仕方ない。なにせ、都市が巨大すぎて、よっぽどニュースに精通していなければ、どこで何が起きているのか知ることができないのだ。ましてや自分が当事者にならず、関係者が巻き込まれていない事件は起きていないことと同じである。

知らないのだから仕方がないのだが、それでも売春はあるし、ドラッグも頻繁に売買されている。マフィアもいるし、ギャングもいる。超セレブの家の近所に餓死寸前のホームレスがいたりする。おびただしい量のカオスを内包した都市なのだ。

カオスに出会うには、ある種の才能や経験、特殊な立場が必要である。在住者では気がつかないこともあるだろう。むしろ、ジャーナリストとしての俺の目線だからこそ気がつくこともある。

そう言ったところで、「住んでいる人のほうがなんでも知ってるんじゃないの？」と思う人もいるだろうが、住んでいる人ならではの盲点もある。生活の場になった街ではカオス発見の頻度や直面の機会は著しく減る。気がつかないうちにルーティーンな生活スタイルを確立してしまうからだ。同じ店、同じ道、同じ駅。職場や学校では同じ人たちと過ごす。もちろん大事なことだ。そこで生きているのだから。だが、カオス溜まりを発見しにくい。

取材で訪れた場合は違う。限られた時間で、どれだけの場所を訪れ、人と出会い、どれだけ深く掘ることができるかが求められるからだ。さらにジャーナリストとしての使命（主に締切と発注主のプレッシャー）が加われば、取材の目的を達成するために必死にならざるを得ない。その突破力は時として長年暮らしている人よりも、その場所に詳しく深くなって、カオスに迫る必要だってある。

いまでこそジャーナリスト目線で街を見るこだわりを声高に語っているが、はじめて訪れた当初、ニューヨークは「得体の知れない場所」に思えてならなかった。

南米やメキシコで出会った連中が言っていた。

「アメリカ人が買うから俺たちは売る」。コカインやクリスタルメスの生産者から、アメリカのどこに売られていくのかを聞いたとき、ロサンゼルスやマイアミよりも「ニューヨーク」の名前がまっさきに挙がっていた。

ジャマイカに行ったときにマリファナ農家から、「ニューヨークにはジャマイカ人も多いから、そこでも大量に仕入れてくれるんだよ」と教えられた。ジャマイカからJFK空港に来たときには、空港警察から「キングストンから来た連中はこっちに並べ」と、イミグレで別の列にされたこともあるので、相当量が運び込まれているのは実感としてわかる。マリファナはアメリカ各地で使われるが、人口的にも規模的にも、なにより移民の多さから、ニューヨークにはもっとハードなドラッグや犯罪者が集まってきている。

取材先で情報を得ていたのに、この街に来てみたらカオス部分がまったく見えない。それが気持ち悪くて、得体の知れなさが増大した。まるで、難しくて分厚い本を読んでいるようだった。それでも何度か読んでいると、次第になんとなくわかる気がしてくるもので、何日もかけて街を歩いていると、手持ちの情報につながる断片のようなものを拾っていくことができた。

たとえばタイムズ・スクエアのある7thアベニュー

から少し外れた46thストリートに溜まっていた黒人たち。怖い感じはしなかった。作業着でたむろしていたので、休憩時間かなにかだろう。みんなでダべっていた。そんな彼らから「ヤーマン」という挨拶が聞こえた。ジャマイカ独特の挨拶で、ジャマイカ好きか、ジャマイカ出身者でないと使わないワードだ。

思わず「君らジャマイカ?」と、話しかける。

「なに?」

「俺、ジャマイカに行ったことあるよ。君ら『ヤーマン』って使ってたから」

全員の目に「!」マークが浮かんだ気がした。

「そいつはいいな、どこに行った?」

「いつ行ったんだ?」

「レゲエが好きなのか?」

「ウィードは好きか?」

一気に質問攻めにあう。こんなことで溶け込めるものなんだと思った。この感じは記憶にあった。歌舞伎町のラブホ街で並んでいた売春婦と話したとき、彼女は「台湾から来た」と言った。台湾に行ったことがあると言うと、「台湾のどこ?」と返され「台北や高雄《カオション》」と答えた。高雄は彼女の出身地だったので、やけに盛り上がった。結局、買わずに帰ったので、別れ際には軽く罵られたが。ほかにもタイ人やフィリピン人のホストと出会って、故郷の話で意気投合したなんてこともあった。

これだけではないが、歌舞伎町はアジアやアフリカなどから、性、食、薬……などを求めて人が集まるカオスのような場所でありながら、都市としての安定感も生み出している。そのあたりに同じような匂いを感じるのだ。

もちろん世界トップのカルチャー発信基地ニューヨークのほうが、歌舞伎町よりもすごい場所なんだと思う。ただ、似た匂いがある場所なので、極端に先入観で遠慮したり萎縮したりしないで、これまでやってきたような取材のやり方で迫ってみるのもいいのではないかと思った。

そうやって歩いてみて、「この街は、当然のことながら歌舞伎町よりもヤバイ部分が多いな」とわかるようになり、そこを追いかけるうちに、次第にニューヨークに取り憑かれるようになっていったのである。

02

『BECK』が描いたアメリカに憧れて

ミッドタウンのタイムズ・スクエア付近。

ニューヨークを舞台にした作品が好きだ。１９７６年の『タクシードライバー』や１９９４年の『レオン』といった名作をはじめ、最近では『ありえないほど近い』や『ブルックリン』、『バードマン』、ほかにも『アベンジャーズ』シリーズやＭＡＲＶＥＬのスーパーヒーローたちの活躍の舞台になっている。『キャッスル』や『ゲットダウン』、『マスター・オブ・ゼロ』などアメドラの舞台としても定番の場所である。

『ダブリンの街角で』や『Sing Street』など、もともとアイルランドを軸に作品を撮っていたジョン・カーニー監督がニューヨークで撮影した『はじまりのうた Begin Again』も好きな作品である。音楽を効果的に使っており、特にそこがお気に入りだ。

映画やドラマのような映像作品だと、知っている風景がそのまま登場するので、好き嫌いが分かれるところもあるが、俺としては嬉しいほうに傾くので、好ましく観ている。

女性向けと敬遠していたのだが、『プラダを着た悪魔』や『マイ・インターン』のような映画は、飛行機の中だと難しく考えずに済んで観やすかった。ただ、『マイ・インターン』でロバート・デ・ニーロがおじいちゃん役だったのは、時の流れを突き付けられた気がした。ちなみに『Sex and the City』を観たことはない。理由は特にないのだが、いまひとつ観る気がしない。食わず嫌いかもしれない。

『ＲＥＮＴ』は映画版で衝撃を受け、ミュージカルの日本公演も観に行った。有名な作品なので、いまさら説明するのもなんだが、舞台は１９８９年のニューヨークのイーストビレッジ。その一角のアパートで暮らす住人たちは様々な問題や悩みを抱えていた。彼らから伝わってくる「この街で生きる」というエネルギーが魅力だ。この街が特別なんだと実感させられる作品である。

イーストビレッジで作品に使われた場所を散策した。駅からしばらくは日本食屋なんかが並んでいて、賑やかだったが、やがて住宅地になっていき、目的地に着く頃には静かな場所になっていた。特別に何があるわけでもない。ごく当たり前の風景に溶け込んで存在している場所。そんな場所が舞台なのに、世界的にヒットする作品が多い街。

映像作品以外でも、漫画や小説の舞台になっている。有名なところでは『BANANA FISH』だろうが、俺にとっては『ＢＥＣＫ』一択である。

大学を卒業して、大学院にいった。その後、いろい

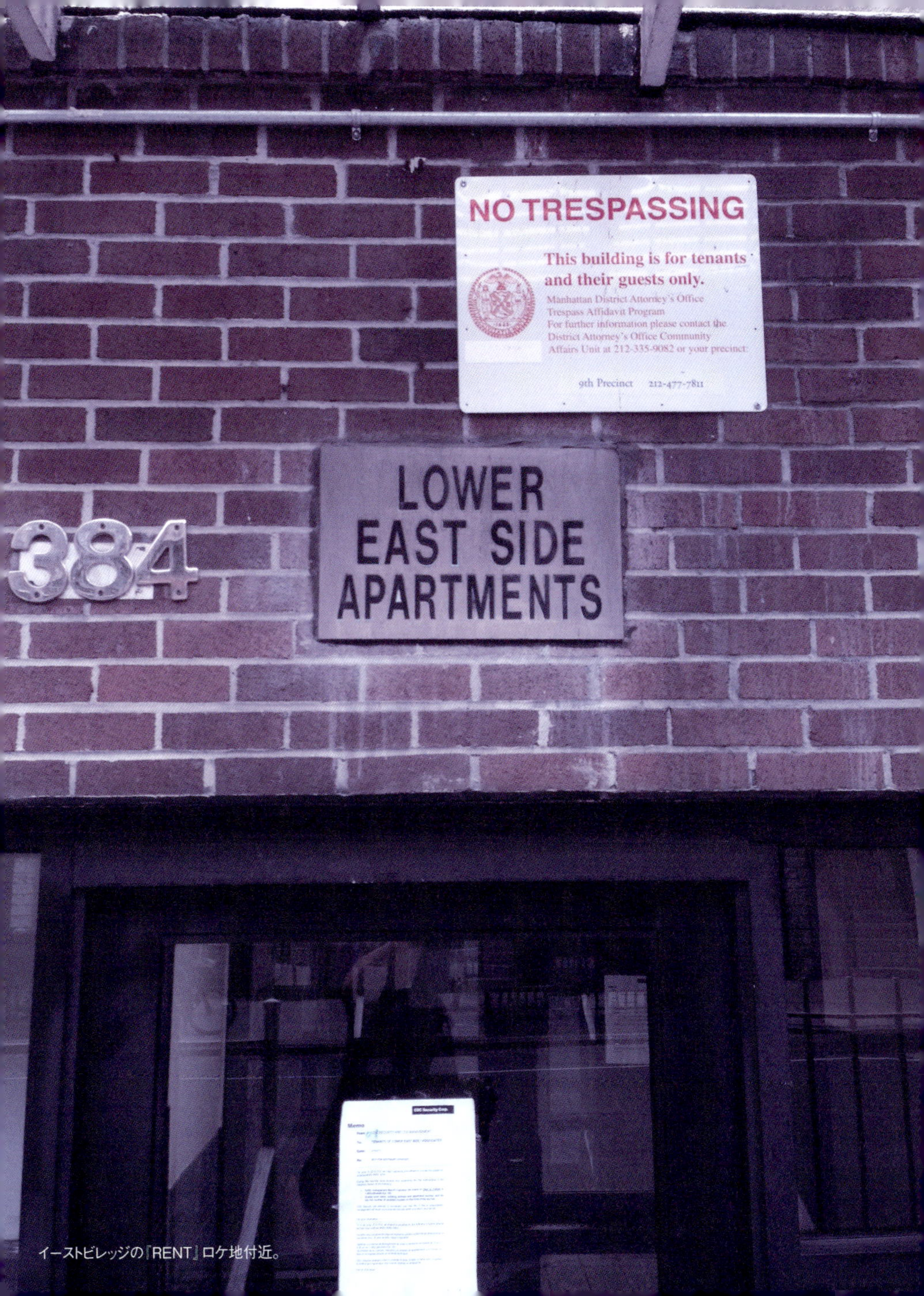

イーストビレッジの『RENT』ロケ地付近。

ろ嫌になって無職になった。ブラック企業的なところでも働いたし、歌舞伎町の風俗ビルで怪しげなバイトもしていた。毎日が嫌だった。海外を旅していた頃の自由な自分が死んでいくように感じたからだ。

その頃、毎日のように読む漫画があった。ハロルド作石先生の『ＢＥＣＫ』だ。ブックオフでペーパーバックの廉価版を50円セールのときに買った。もともとの漫画コレクションは実家に置いてある。つまり重複しているわけだが、それでも、読まないと自分の現状を受け入れてしまいそうで恐ろしかったのだ。

『ＢＥＣＫ』は、少年が音楽と出会い、仲間たちと困難をはねのけながら成長、そしてスターになっていく。そんな物語である。主な舞台は日本、アメリカ、イギリスの３か国である。

『ＢＥＣＫ』には、アメリカの街がいくつか登場する。最初は全米ツアーでアメリカ横断。その後、ロサンゼルスやニューヨークが舞台になっていく。なかでも印象的だったのは、ニューヨークでのレコーディングシーンである。イギリスのロックフェスで注目を浴びた主人公たちが、アメリカに滞在しながらレコーディングをしていく。その様子は、これからスターになる若者たちが、自らの蛹の殻を破ろうと必死でもがいているように見えた。

こんな人生を歩みたかったんだ――作品を眺めながら、何度も思った。日銭を稼ぎ今日の飯をやりくりする生活に疲れていた。惨めな生活。それでも、自分は蛹だと信じていた。いつか羽化するのだと言い聞かせていた。その生活はまるで、福満しげゆき先生の『僕の小規模な生活』で、売れないままくすぶっている主人公そのもののように思えた。

当時のことを思い出しながら、今でも『ＢＥＣＫ』と福満作品に没入することがある。自分だけが取り残されている感覚を思い出すのだ。それが、自分のモチベーションになることがわかっているから。

そんなことを考えてた頃から15年以上が経った今でも、ニューヨークにくると苦い記憶を思い出す。もう、いい歳をした男がいつまでもと思うだろう。わかっている。後悔をしているんじゃなくて、自分の歩いてきた道を噛み締めているのだ。嫌だった道だけど、その道もニューヨークにつながっていたのだと、かつての自分に言い聞かせるようにしているのだ。なにより、自分がまだ道の途中にいることを実感できる。

この街は俺にとって夢の終着点でも、通過点でもない。「生きるため」の取材対象なのだ。

NEWYORK
MINDED
QB 13"&40"
#NYMND #CRITICALTHINK
@NEWYORKMINDED

141 AVE.A
DOC HOLLIDAY'S

ACTIVE DOORWAY
PLEASE DO NOT
SIT ON STEPS
Cycle
#1624NYC
HEK TAD
NYC
BNE
WAS
HERE
DJ
PUMPKIN

MAKE ART!
#BOMBERTHEBEAR

SNEAKER RIOT
Sneaker frenzy
Sneaker
ruckus

SNEAKER RIOT
Sneaker frenzy

FM DE ZACAPA
LA ORIGINAL - GUATEMALA
INFO: 347.729.2614 • 347.364.4612
LOS RABANES
INFO:347.729.2614 • 347.364.4612
160 ARENA
VIERNES 15 DE SEPT. 2017
Entrada General $25 toda la noche
Y EL GRUPO
CARIÑO
EL GRANDE DE MATAMOROS
IMF
347 691 0460
862 899 5752
GRATIS
HASTA
10:30 PM
VIVA MEXICO
100% comfirmado
BANDA
AGAVE
LA PIONERA DE NY
LA POTENCIA JOVEN DE LA CUMBIA
SEPTEMBER 16, 20
NEW YORK CITY'S
#1 REHEARSAL FACILITY
WANT TO

RICOS TACOS
RICKS
FREE-DELIVERY
CATERING(APPETIZERS)
1(718)633-4816

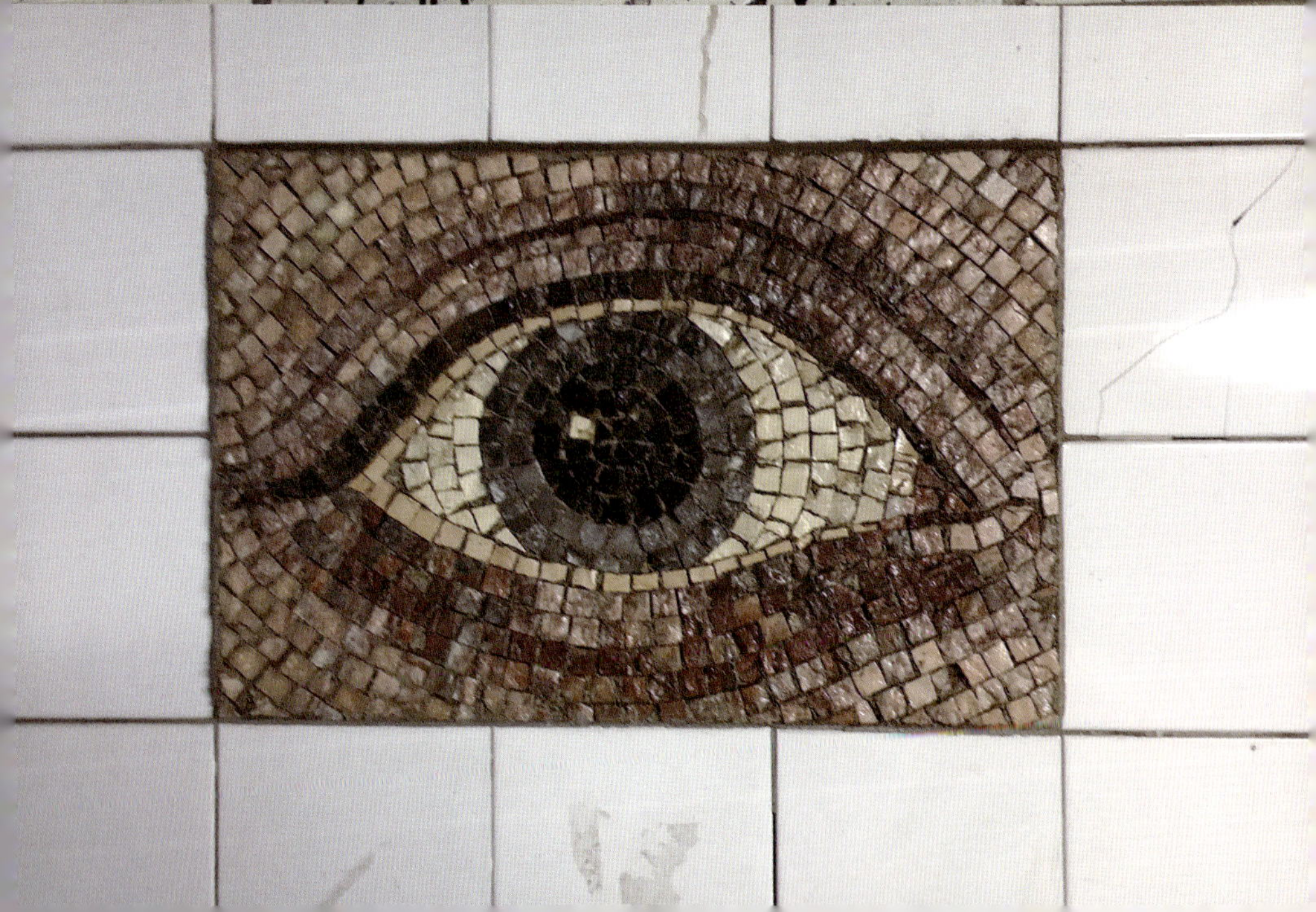

McCafé

ハーレムの125St駅前。昼間から路上に座っている人が多数いるが、田舎のヤンキーではない。

03 ガイドブックはいらない

自分でも編集者や執筆者としてガイドブックの制作に携わることがあるので、あまり表立って言いたくはないのだが、ニューヨークを歩くのにガイドブックはいらない。より正確に言うと、「ガイドブックは読んでいる。でも、使うことはない」である。

マディソン・スクエア・ガーデンとかグラウンド・ゼロに行きたいと思えば、場所を調べて路線図を見るか、乗換案内で検索でもすればいい。シェイク・シャックとかカフェに行きたいと思えばYelp《イエルプ》（ローカルサービスの口コミサイト）で調べればいい。

目的地や目的がはっきりしているのであれば、道順さえわかればいい。だからといって、ガイドブック不要論（そんなことを主張する人たちもいたりするのだ）をぶちあげようというのではない。俺はガイドブックを作る側にいる。本来ならば推奨するべきだし、果たす役割についてはいやってほどわかっている。だからこそ、いざ本人がニューヨークを旅する場合には、ガイドブックから乖離した旅をしたいと思っている。ガイドブックをシャットアウトすることでしか見えてこないものがあることもわかっているからだ。

ニューヨークは巨大な都市だが、街のなかの移動が簡単で、範囲もそれほど広くない。特にマンハッタン島だったら幅は約4キロ、長さ約20キロで、山手線の内側と同じぐらい。そこがほぼ平面でつながっているのだ。これほど動きやすいところはないだろう。ジャングルのなかでも、発展途上国でもない。大都市になればなるほど、ガイドブックを読むと情報が多すぎて振り回されてしまうのだ。

では、ガイドブックを持たない俺がどのように街歩きをしているのか。取材の目的地やポイントになる場所をグーグルマップに転記しておく。それぐらいである。あとは、「街の流れ」に乗ることにしている。

ナイジェリア最大の都市ラゴスで地図にない街に行った経験から、「街の流れ」について説明しておきたい。ラグーンに展開する数万人規模の水上集落は、ガイドブックはもちろんのことグーグルマップにすら出ていない。集落に踏み入っていくときの移動手段は小舟で、どこに行くにもいちいち船頭に指示を出さないといけなかった。

「とにかく大きくまわって」

船頭へ最初に伝えたのはこの程度。それ以上は情報がないし、どこに行っていいのかわからない。ほかの小舟と歩調を合わせて、集落を巡る水路をぐるぐるとまわっているうちに街の雰囲気やどこがメインの場所なのかなどの情報が蓄積されていき、集落の全体像が見えてきた。そうなると、とにかく細かいところが知りたくなって、「右」、「左」と船頭に注文をつけられるようになった。

知らない街をさすらうのは、こうやって「街の流れ」を探ることからはじめるといいのではないかと思っている。その結果、迷ったり、予定は崩れるし、余計なところに行ってしまうかもしれない。トラブルが起きるだろう。だが、旅とはままならないもの。だから面白いのだ。

自分の持てる力でリカバリーして、帰国するまで最大限に訪れた場所を満喫する。それが旅の面白さだ。自分以外の人たちが織りなす都市の物語を読めるようになったなら、事前に立てた予定なんてなんの意味もなくなる。予定は崩すつもりで楽しんでみてはいかがだろうか。本書を含めた海外本やガイドブックは、その補助輪でしかないのだ。

クイーンズのコロンビア人街。付近の屋台で串焼きを食べたところ、腹を壊した。

04 俺の土地勘

「ニューヨークは俺の庭だから」。こんなセリフを一度ぐらいは言ってみたい。

一時滞在者に過ぎない俺が、実際に言う機会はないだろう。さすがに土地勘が足りない。街を歩くには、この土地勘が大事なのだ。

裏社会取材を通じて今でこそ勝手知ったる歌舞伎町も、かつては無駄にウロウロして街の全体像をつかもうとしていた。最近の回り方としては、知っている人から面白い場所を教えてもらう。さすがに地図を見て歩くことはないし、周辺の大久保や北新宿でも地図は見ない。土地勘があるからだ。

ニューヨークは州名でもある。そのなかで「NYC＝ニューヨーク市」のマンハッタン島が旅行ではメインどころとなっていて、それ以外の地区は隣接するニューヨーク州の街なのである。あくまで行政上の区分ではあるが、エリアごとに特色が生まれ、そこから独自の文化が生まれている。観光客として訪れる人にとって、地域的な特色なんてなかなかわかりにくいもの。

住んでいたとしても決してすべてのエリアをまわるわけでないし、旅行者のように限られた時間では網羅的に動くなんて不可能だ。そこで、あくまで俺の独断と偏見に満ちた区分ではあるが、印象的だったエリアをいくつか紹介してみようと思う。

・マンハッタン

ニューヨークといえば、やっぱりマンハッタン。200万人が暮らす巨大な島……というには南北20キロ、東西4キロと、それほど大きいわけではない。俺の覚え方だが、セントラルパークを中心に、北がハーレム。東がアッパー・イーストサイド、西がアッパー・ウエストサイド。どっちも金持ちエリア。南に行くとミッドタウンとそれ以外のごちゃごちゃした街といった感じである。

正直なところ特色を細かく説明しても仕方ない。わずかな移動で街のカラーが変化するからだ。どういうことか。それを実感したのは、イーストハーレムの古いタウンハウス（集合住宅）のエアビー（Airbnb／民泊）に泊まったときのことだ。この宿の玄関を出る

コロンビア人街は高架下にあるため電車が通るとうるさい。

とマディソン・アベニューという通り。そこに面して階段がある。これもタウンハウスでは通常の仕様。大抵1階部分が半地下になっているのだ。最寄りの125ストリート駅までは歩いて10分ぐらい。最初の横断歩道を渡るとデリ（コンビニのような雑貨店）がある。この場所には、午後になると高校生ぐらいの不良グループが集まってきて、周辺を威圧するかのようにたむろしている。わざわざ彼らの真ん中を突っ切る気持ちにはなれないので、見かけると反対側に渡って歩くようにしていた。別にびびったわけではない。

　宿から地下鉄の駅に行くには鉄道の高架をくぐる。ここにはただ何もしないで立ち尽くす人や座り込んでいる人、奇声をあげている人などが散見されるが、それ以外はいたって普通の住宅地である。駅近くには何度かお世話になったウェンディーズもある。コーヒーは美味しくないが、老人たちが集まってきて、ものすごく平和な空間。駅があるイースト125ストリートに来るまでにこれである。地区をまたいだ場合にどれほどの変化があるのか、容易に想像できるだろう。

・マンハッタン以外

それ以外の地区としては、島の東側のイーストリバーを挟んで対岸にあるブロンクスとクイーンズ。マンハッタンの北部にあるのがブルックリン。南部にはスタテン島がある。だいたい、このあたりのエリアを一括してニューヨークと呼ぶ。

　このなかで俺が好きな場所がクイーンズである。ここはざっくりと言ってしまえば住宅街である。ただし多人種の住む街。エルムハーストのヒスパニック系コミュニティは有名であるが、それ以外にも韓国、中国、フィリピン、タイ……国の数だけあるのではないかと思う。ここを無理矢理、東京に例えるとしたら、上野～御徒町～有楽町～新橋といった高架下文化で発展した街だろうか。

　エルムハーストへは、マンハッタンから行くには黄色の地下鉄に乗る。ルーズベルト・アベニューに沿って伸びる7系統のこと。俺は90St-Elmhurst Av駅に向かっていた。あまり観光客が来るような駅でもない。友だちに会いにきたのだ。目的があると、自然と強気に進めるもので、一切迷いなく来ることができた。それどころか、周囲を観察する余裕の幅もいつもより大きい。

　マンハッタンで乗ったときは地下鉄だったのに、イーストリバーを越えてクイーンズに入ってからは地上を走っていた。思わず「地下鉄なのにね」とつぶやいてしまった。ホームのベンチに腰掛け、友だちにLINEでメッセージを送る。

>着いたぞ

しばらく待っているが返事もない。

>着いたんだけど

また、返事がない。

>来ちゃった、エルムハーストない。

>おーい

……どうなってんだ！　既読すらつかないので、さすがにキレれそうになっていると、一斉に既読がつきだす。ようやくかと思って返信を待つ。

>>約束は夜です。

どうやらやらかしたのは自分のほうだったようだ。

さすがにこのまま宿に戻っても仕方ないので、俺はエルムハーストをなかば強制的に、いや、お得意の街の流れに任せて歩くことにした。駅を降りると、高架下に広がるのは不思議な光景だった。見た目はただの商店街。それなのに看板はスペイン語である。知ってはいたが、実際に見ると興味深いものだ。

エルムハーストは人種の坩堝の多民族都市でもヒスパニック系、特にコロンビアからの移民が多い。周辺にはほかの中南米の国のコミュニティもある。こうした街はエスニックタウンなどと呼ばれている。ここを歩く楽しみは、オリジンである国を感じることができるのと、アメリカに溶け込んだミックス感を味わうことができることにある。

スペイン語が飛び交うアメリカ。以前、CNNでアメリカ国内のスペイン語人口が4000万人を突破し、近い将来、使われる言語としては最多になると予想されている風景なのである。

そんなことを考えながらエルムハーストを歩いていると、いつのまにかぐるっとまわって90St-Elmhurst Av駅前に戻ってきていた。降りたときとは反対側のブロック。改札口へと続く上りの階段を目の前にして、休憩をとることにした。

あらためて見回すと、高架下に広がる道路と、整然と並ぶ商店街。そこは紛れもなく南米ではなく、アメリカのニューヨークだった。箱庭としてのエスニックタウンで、住人たちはヒスパニック系なのだが、そのちぐはぐさを許容してくれるのもまた、ニューヨークなのだと思う。

05

「Ave」と「St」

ニューヨークは、街が碁盤の目になっている。住所の表記には、通りの名前、番地が並んでいる。それだけで本当にわかるのだろうかと疑問に思っていた。

はじめてアメリカに来たとき、タクシーに乗って行き先の住所を伝えた。すると、運転手が「わからない」と言った。

（お前、プロだろ！）

吠えそうになるのを抑えて、マップを見ながら、「○○アベニュー&○○ストリート」と言ってみた。

運転手が「OK」と返事。さすがに、「いやいや、そんな雑な感じでわかるのか？」と思いながらも、日本で同じようなやりとりを友だちとしたことを思い出していた。

場所は京都。日本の古都の地名には、「上ル」「下ル」「西入ル」「東入ル」とかあって、最初は「こんな特殊記号みたいな表記わかるかい！」と爆発しそうになるのだが、地元の

友だちに言わせれば、「覚えちゃえば簡単」とのことだった。暗記するという意味ではなく、使い方を知ればいいということだった。それと同じで、無数に存在する通りの名前すべてを網羅的に覚えるのではなく、ふたつのワードの使い分けを理解することで、格段に地理を把握しやすくなるのだ。

Ａｖｅは、「Avenue＝街」の意味である。南北に走る道のことで、東から西に行くほど数字が大きくなる。Ｓｔは、「Street＝丁目」になる。東西に横切る道で、こちらは南から北に向かって数字が大きくなる。

基本は縦に走るＡｖｅが大通りで、それをつなぐようにＳｔが通っている。そのためＳｔのほうがどうしても細かい道が増えて入り組んでしまう。覚えておくべきなのは、Ａｖｅの東が奇数、西が偶数になっているということ。Ｓｔの場合は、北側が偶数、南側が奇数になる。

このあたりを覚えておけば、「59Ａｖｅ35Ｓｔ」という住所だけで、35丁目の北側にあることがわかる。

ただ、地理というのは頭で把握するのではなく、身体に刻むほうが覚えやすい。なんとなくの知識を持って歩き倒せば身につくはずである。俺も知識としては縦がＡｖｅで横がＳｔぐらいしか把握していなかった時期がだいぶ長かったが、別に困るようなこともなかった。街を歩くことが楽しくて、ウロウロしているうちに、自然と住所を把握するコツのようなものが身についたように思う。そうなってからはじめて住所に関する知識と結びついて、詳細に場所をイメージできるようになったのだ。

とはいえ、マンハッタンは歩きだけでは広すぎるので、疲れたら遠慮なく地下鉄やタクシー、Ｕｂｅｒに乗ってしまおう。疲れると地理なんてまったく頭に入ってこないものである。

06

アーベックスに出かけよう

「都市冒険」について紹介しておきたい。「アーバン・エクスプロレーション」や「アーベックス」などと呼ばれる、都市を探索する冒険者やその冒険のことである。

　廃墟や下水道など地下トンネル、高層ビルの屋上といった場所に潜入して、誰よりも奥まで行ったり、廃棄されてから経年劣化した遺物を発見するといったことをやる。インスタグラムの流行とともに世界各国で広まっていった、わりと新しいムーブメントではあるが、俺の場合はここに都市の闇ともいうべきスラムや、ドラッグや武器売買、売春といった違法な商売がおこなわれるアンダーグラウンド・エリアも含めている。

　こうやって説明しているといかにも難易度が高くて、専門的な領域に思えるかもしれない。だが、実際には街歩き感覚で実施している若者たちも多い。俺の体験的にも、割と街歩きと親和性が高いように思うし、観光客でも実践できる範囲もある。まずアメリカで知られている都市冒険のための基本ステップを知っておいてもらいたい。

①冒険する場所を選ぶ

基本中の基本である。どこに行きたいのかを決めないといけない。ただし、廃墟などの場合、私有地で侵入することが違法だったりするので、事前にそのあたりのことは調べておいたほうがいい。必要に応じて許可をとることも求められるからだ。

②靴を選ぶ

どうでもいいことを……と思ったあなた。きっと、冒険の途中で帰ることになるでしょう。いや、むしろそうなって、俺の教訓を思い出して欲しい。実はあらゆるアイテムのなかで靴が一番大事なのだ。屋内の探索であっても、水が溜まっていることもあるし、ガラスが散乱しているかもしれない。目的の場所までちょっとした登山になることもある。瓦礫のなかを突き進むこともある。そんなわけで、複数の靴を持っていくこともある。ただし、都市冒険は街の中で実行するものである。あまり目立ちすぎる登山靴などよりも、街に溶け込めるシューズであることも大事な基準になる。おすすめはいくつかあるが、俺はKEENというポートランドのブランドの厚いゴム底のスニーカーを愛用している。ほかには、アディダスのスーパースター。これもソウルが厚いうえに、多少の水なら弾いてくれるし、なにより街中で履いていても浮くことがないので重宝している。

③荷造りをする

都市とはいえ冒険である。手ぶらで冒険するわけにはいかない。最低限必要なアイテムは、次頁で説明する。

特に忘れがちで大事なのが着替えである。靴のところでも説明したが、冒険が終わったら街なかに出るので、そのときにどろどろに汚れていたらものすごく浮いてしまう。また、日差し対策に長袖があるほうがいいし、急な冷え込みにも重宝する。薄手のブルゾンは、インナーが汚れていても大丈夫なのでオススメだ。もちろん季節感も含めて考える必要はあるが。あと、除菌ティッシュなども持っていって、冒険終了後に手を拭くことも忘れないでもらいたい。

④現場に行く

まさにコレである。いろいろ準備だけして終わる人が実に多い。すぐに行ける場所にあればあるほど、先延ばしにしてしまいがちなのだ。重い腰をあげて、思い立ったらすぐに出発である。ただ、それができないで、日がな一日を宿で過ごした時の罪悪感は、酒を飲んで忘れてしまおう。俺もそうやって失敗したことは

スタテン島の「船の墓場」。

ミッドタウン付近の工事現場。

進むか退散するかは自己判断で。

無数にあるので、気持ちはよくわかるのだ。

⑤周囲&上下を見て回る

現場ですることは観察である。その場所がどうなっているのか。正面だけではなく裏だったり、最低でも一周は必要である。そして、現場に踏み込んだり、目的地に到着したら、建物だったら上方を見たり下部を観察したりすることだ。人間はいつも、慣れた視界だけでやり過ごす傾向がある。そのため、意図的に視線を上下に振り分けることで意外な発見があったりするのだ。実際、この方法で床に注射器が落ちているのを発見して、ジャンキーのたまり場であることに気がついたときは、早々に退散を決めたこともある。

⑥3つのルールを守って脱出

目的の場所にきて歩き回って満足したらいよいよ撤退である。その際には必ず守ってほしい3つのルールがある。

・写真だけを撮る（何も持ち帰らない）
・足跡だけを残す（何も捨てない）
・沈黙だけを破る（何も破壊しない）

特に3番目である。現場は自分のものではない。所有者がいるかもしれないし、あとから来る人だっているかもしれない。自分が壊したものは、二度と戻ることがない。次に来た人たちは壊れた現場を見ることになる。もしあなたがその立場だったらがっかりすることだろう。そのぐらいの想像力をめぐらせて脱出してもらいたい。そして、無事に街に戻ったあかつきには、撮影してきた写真でも見ながら、仲間とビールで乾杯でもして冒険を振り返ってもらいたい。

このように調査、準備、観察に記録と記憶を楽しむこともセットになってこその都市冒険なのである。探索する場所は廃墟かもしれないし、倉庫街かもしれない。近代遺跡だったりすることもあるだろう。どこに行くにしても、方針は必要だし、それに沿っていけば、案外と自分の素の目線だけでは見つけ出せない何かに出会えるにちがいない。

バッグの中身

07

都市冒険に俺が持っていくアイテムについて紹介したい。

・バッグ……斜めがけカバンでもバックパックでもいいが、両手がフリーになるものを選ぶ。防水機能は必須。

・スマホとモバイルバッテリー……生命線である。

・時計……暗いところで見えるG-SHOCKを愛用。

携帯でいいじゃん？ アホ言うな！

・カメラ……スマホカメラの予備として。

・ライト……頑丈で光量が多いうえに調整できる中国製が安価で優秀。

・ブルゾン……突然の雨と寒さ対策。

・メモ帳とボールペン……記憶は曖昧である。無印のメモ帳とジェットストリームを愛用。

・ティッシュとウェトティッシュ……突然もよおしたときや手を拭くときに使う。

・タバコ……虫除けとして。スラムだとインタビューの報酬がわりにも使える。

・現金……都市ではどこでも使う。

・水……水筒に入れてます。

・名刺……どこで誰に会うかわからないので。

だいたいこんなものである。これでスラムでも廃墟でも飛び込んでいる。特別なものは必要ない。カバンがパンパンにならない程度にして、あとは知恵と工夫で乗り切ろう。

YOSHIDA & COMPANY
PORTER
TOKYO · JAPAN
Canon
S100

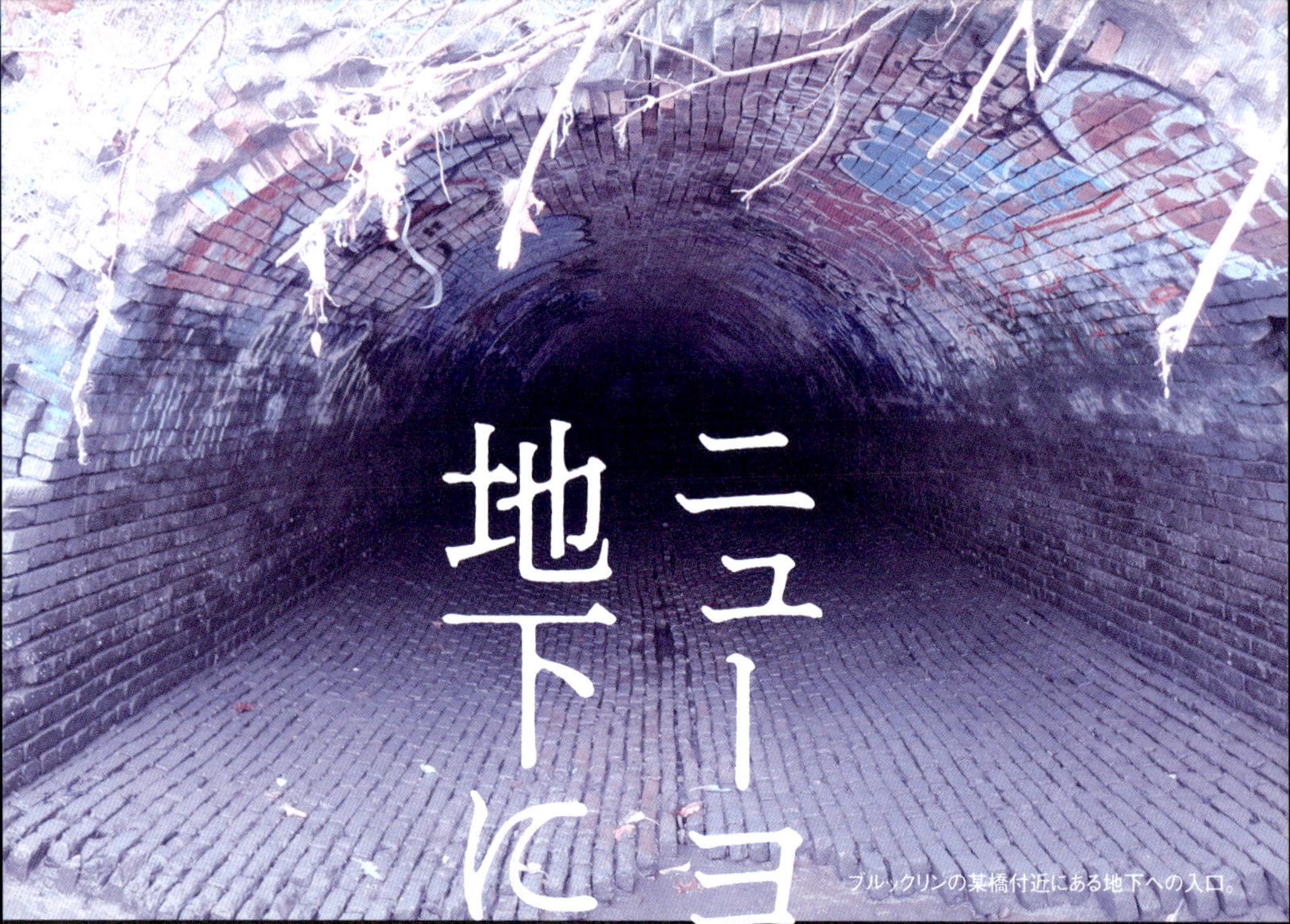

ブルックリンの某橋付近にある地下への入口。

ニューヨークの地下に潜る

08

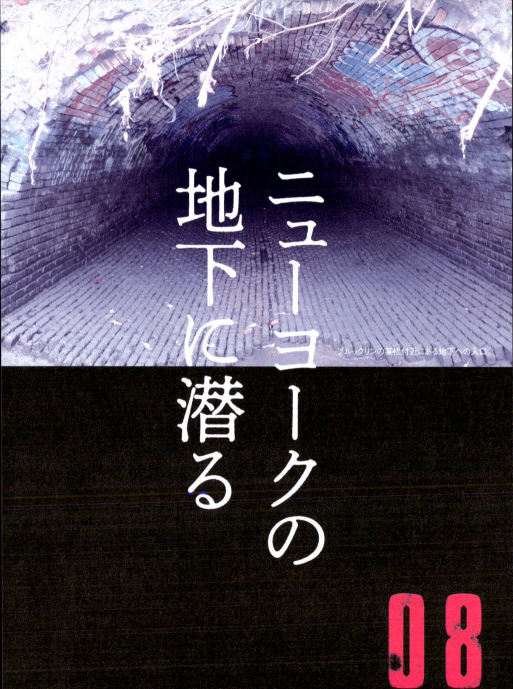

これまでマンハッタンやその他のエリアの地下へ潜った経験から、地下に潜るためのノウハウについてここで紹介しておきたい。

ニューヨークで潜れる地下は2種。「地下鉄」と「下水道」である。

地下鉄への侵入というのは、かなり難易度が高い。誰でも簡単に入れるものではない。『クレイジージャーニー』という深夜番組で、ニューヨークの地下取材編が放送された。このときの取材手法や場所については、情報源の秘匿のほか、様々な事情から明かすことができないが、相当に苦労したとだけお伝えしておきたい。だが、アメリカのアーベックスの連中のなかには、広く情報を発信している人たちもいる。

・フリーダム・トンネル

ニューヨークの地下のなかでもっともアクセスしやすいのが、「フリーダム・トンネル」である。ここは、リバーサイドパークに沿って走る鉄道を通しているトンネルである。なかには廃駅や廃通路などもあるので、なかなかにエキサイティングである。

では、どのように紹介されているのか、超訳するので見てもらいたい。

How to Get to the Freedom Tunnel?（フリーダム・トンネルへの行き方は？）

(1) Take the 1 train to 125th street.（125St駅に行きましょう）

(2) Walk underneath the bridge until you come to an overpass.（橋の下をくぐって高架のとこまで行きましょう）

(3) Walk up the hill and slip through the gap between the fence and the overpass.（丘を登ってフェンスと高速道路の隙間に入っちゃおう）

(4) Follow the tracks until you reach the tunnel.（トンネルに着くまで轍を進もう）

(5) At the end of your journey, you'll exit the tunnel and find yourself fenced into a sort of pen.（トンネルを出るとフェンスがあるので、そこから歩いて出よう）

※引用：https://www.wikihow.com/Get-to-the-Freedom-Tunnel

このルート、実際に歩いてみたことがあるのだが、正直なところ、この案内ではたどり着くのは簡単では

ブルックリンの廃路線の駅。

ない。ただし、誰かが考えたルートに沿って歩くよりも、自分でルートを見出していくことも楽しみのひとつである。無謀なチャレンジャーとして挑むもよし、なんとなくあたりをつけてを歩いてみるだけでもいいだろう。都市冒険は、あくまで自分のスタンスで楽しもう。

・下水道探索

下水道の探索についてだが、個人的な意見としてはおすすめしにくい。探索の難易度もさることながら、衛生状態が最悪なのだ。マンハッタンやブルックリンでは、200年近く前の下水施設を改良して使い続けている。そのため円筒の中を歩くようになる。正直、歩きにくい。おまけにネズミが駆け回り、足元にはゴキブリが埋め尽くす状態。足を踏み出すたびに「パキパキ」とゴキブリを踏み潰す感触を今でも思い出す。

こんなところを探索していったい何になるのか。そんな疑問が浮かばないように集中する。それ以外にノウハウらしきものはない。

ただ、怪我だけには注意してもらいたい。以前、下水道で少し手を切ったアーベックスに聞いたのだが、わずか1センチの切り傷だったので放置しておいたら、その夜に手がグローブのように腫れ上がって、病院に駆け込んだら、謎の菌が傷口から繁殖しており、「もう少し遅かったら切断」と言われたそうだ。なんとか傷口周りの肉を削り取って事なきを得たそうだ。「わずかな怪我が命取り」が、これほど身近にあるのだ。

ほかにも、増水した際には川に大量の水が注ぎ込まれ、流されてしまうなどの危険もある。

近年では、そんなリスクを承知で根城にするニュータイプの「モグラ人」と呼ばれる存在もいるそうだが、そのあたりは別項でお伝えしたい。

・トレジャー・ハンティング

最後にもうひとつ、この街で可能な都市冒険について紹介しておきたい。

地下と下水道などの都市冒険で手にできるものが写真と経験だけ。「そんなの自己満じゃねえか」と思っている人は、「宝探し（トレジャー・ハンティング）」に挑戦してもらいたい。

ニューヨークにはコレクターズアイテムとなるようなお宝が多い。古着や古本などのビンテージもあるし、いまだ海外には輸出されていないようなレアな商品だってある。そうしたものを買い付けるのは、ある意味では宝探しである。だが、これはバイヤーという立派

周囲にはゴキブリが無数に生息していた。

な職業でもある。

では、ここでの宝探しとはどんなものなのか。

マンハッタンのど真ん中、5番街と6番街に挟まれた47ストリートは通称「ダイヤモンド街」と呼ばれている。ダイヤの商店街のこの場所には、ダイヤモンドが落ちているのである。嘘のような本当の話で、実際にここで拾えるダイヤだけで生活している人がいる。それが、ラッフィ・ステパニアンさんである。彼のことは日本でもニュースサイトに翻訳転載されたので、ご存じのかたもいるだろうが、彼は一日中道路に這いつくばって溝を掃除している。

その僅かな隙間にダイヤや貴金属が落ちているからだ。供給源は、落としたことに気がつかない人たちである。小粒のダイヤを大量に使ったアクセサリーから一粒落っこちたとしても気がつかない人がいるのだ。彼はそうした粒を集めているという。

俺もこの都市型宝探しをやってみようと思ったのだが、さすがにマンハッタンのど真ん中で這いつくばれるほどハートが強くなくて断念した。あんなところで這いつくばるぐらいなら、デニムハンターやブックハンターで過当競争をしているほうが楽しそうだ。

09

モグラ人

地下空間のマンホールを開けると、その下にさらなる空間が出現した。

取材で出会った地下住人たち。彼らより前に、もっと深い場所に暮らしている人々がいて、その人たちは「モグラ人」と呼ばれていた。メジャーな都市伝説のひとつだ。

俺がモグラ人の存在を知ったのはジェニファー・トス著の『モグラびと～ニューヨーク地下生活者たち』を読んだことがきっかけだった。ちなみに、この本の翻訳は渡辺葉さん。椎名誠さんの娘さんで、ニューヨーク在住の作家である。

ニューヨークの地下には多くの空間が存在している。下水道や地下鉄、駅など。そこに暮らす謎に包まれた人々。80～90年代の地下社会には犯罪者、低所得者、薬物中毒者が溢れていた。そんな人々よりもさらに深い場所に暮らしている人たちがモグラ人と呼ばれた。彼らは地下から外に出ることもなく、家族と一緒に地下で暮らし、モグラ人だけで共同体を作って生活をしていた。

俺が出会った地下住人たちは、一斉摘発後の生き残りである。

「昔、モグラ人に食料を届けたこともある」

過去に彼らと接触したことがある地下住人もいた。しかし、現在は見ることはないという。

「地下のなかにもマンホールがある。地下の地下だ。光も届かない場所にもあいつらは暮らしていた。こっちが明かりをつけると襲ってくるんだ」

果たしてそんな場所はあるのか。俺は廃路線の通路のなかにあるマンホールを見つけて、そこのいくつかを開けてみたが、人の暮らしていた痕跡はあったものの、さらなる下層への道は見つけられなかった。

「今はモグラ人が違った意味で使われるんだよ」

モグラ人に出会うことをあきらめかけた俺に予想外の現状を教えてくれたのはアーベックスの先輩である。彼が言うには、現在は下水道や地下鉄を宿代わりにしている若者たちが増えつつあるそうだ。

「どんな若者たちなの？」

「旅行者とか多いよ。外国からのバックパッカーとかね。あとは、麻薬中毒者だよね。いま、ニューヨークでは多いんだ」

おそらくオピオイド系の中毒者のことだろう。若いホームレスがこの数年で一気に増えたなと感じたのは気のせいじゃなかったのだ。

地下は、その時代に都市が抱える歪みをダイレクトに受ける。その象徴ともいうべき展開に重苦しい後味が残った。

モグラ人を彷彿とさせるグラフィティ。リバーサイドの地下空間で発見。

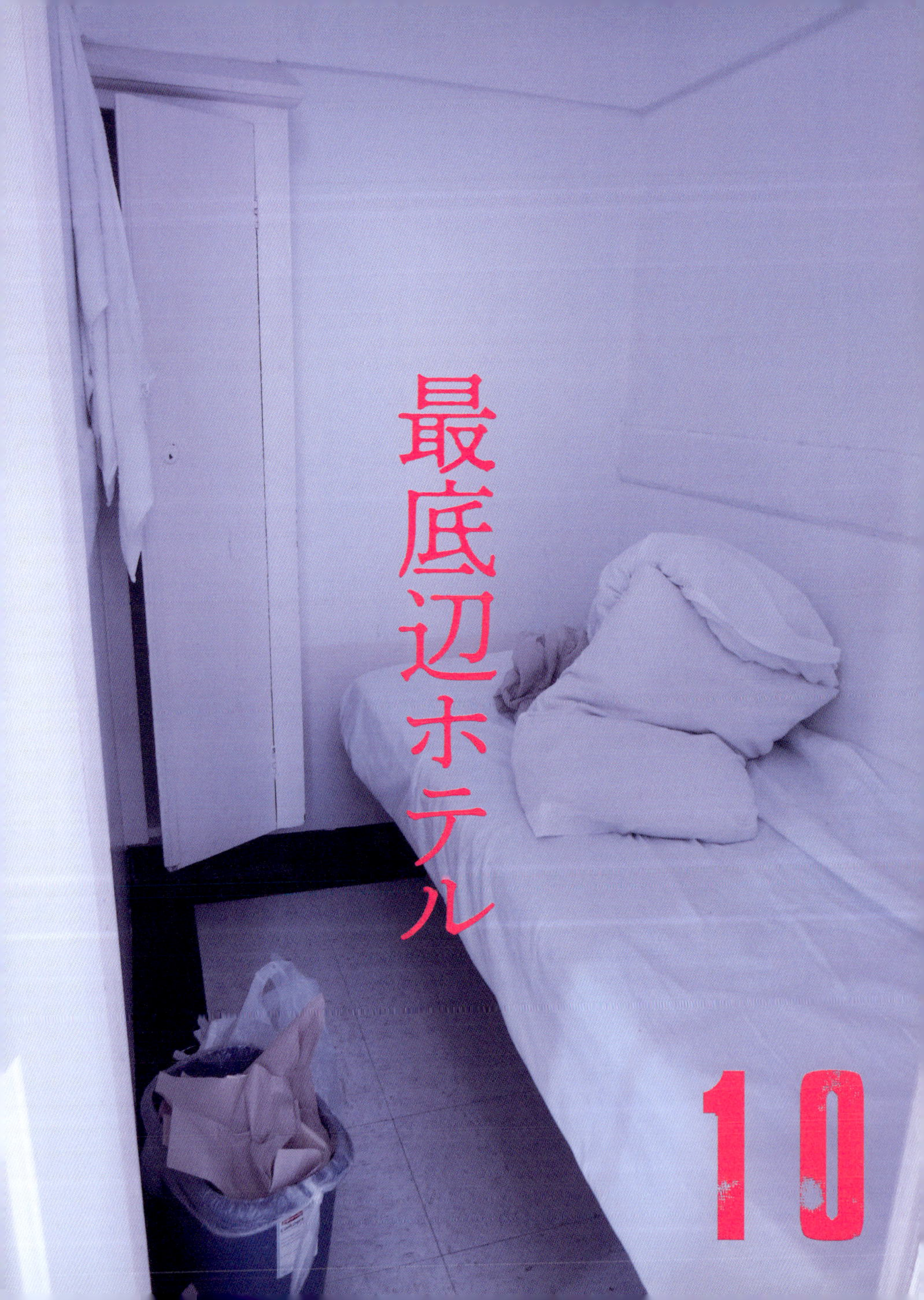
最底辺ホテル
10

チャイナタウンにある監獄のようなホテルに泊まった。

なぜか？　ここが街で最底辺の宿と紹介されていたからだ。最初はどうやって泊まろうかと思ったが、ネットで探してみたらアゴダで普通に予約できた。肩透かしを食らったうえに、紹介ページを見ただけでは、ここが最底辺かどうかはわからない。値段は俺が泊まったときで30ドル程度。特別に安いのは間違いないのだが……正直、もっと安いところありそうじゃない？

そんなふうに思ったあなた、甘い！　ニューヨークは一泊平均３００ドルと言われるほど高いのだ。まあ、天井知らずなホテルが多いから、平均値があがっていることもあるのだが。最近では、ゲストハウスがやっているドミトリーだけじゃなく、民泊でもドミトリースタイルがあったりもする。それでもいいところ20ドルである。旅慣れている人であれば、ドミトリーもどうってことないだろうが、ダメな人にはダメなもの。

かつてはきっつい旅を重ねてきたが、最近の丸山ゴンザレス、ホテル利用の常連である。そのため、この最底辺ホテルという響きにもひかれたが、選んだ最大の理由は「個室」だったことである。

リトルイタリーから少し外れたバワリーストリートに面して建てられたひときわボロいビル。位置情報をマップで確認するまでもなくここしかない。目の前まで来ると、路面にある入口からは急な階段が一気に３階までつながっていた。荷物を抱えて登り、扉を開けると売店のようなフロント。スタッフにバウチャー（予約証明書）を見せると「本気か？」という顔をしている。

「泊まるよ」

「部屋はふたつ上の階だ。４階には立ち入るなよ」

どんな注意だよと思いながら、鍵を受け取ってひときわ重い扉を押す。扉に貼られていた注意書きが目に入った。「Notice（注意）」には「女性は入るな」とあった。

（本当に大丈夫なのか、このホテル？）

さすがに不安になったが、言われたとおり急な階段をのぼって５階に着いた。天井部分は吹き抜けており、金網で補強しているが、それだけで空間は完全に共有状態で独房のような部屋が並んでいた。室内は病院の診察ベッドのサイズで人がひとり入ればそれで終わりである。本当に独房のようだった。風呂トイレは共同で、覗いてみたがヌメヌメした感じが生理的な嫌悪感を引き起こした。

それでも30ドルだし、個室だし、Ｗｉ－Ｆｉはつながるし、俺にしてみれば許容範囲だ。ここがニューヨークでなくて、発展途上国のどこかであればだが。そのあたりは脳内補完して折り合いをつけることにした。むしろ気になるのは立ち入るなと言われた一階下である。カバンを置いて、すぐに潜入してみることにした。

フロアは違っても造りは同じ。足を踏み入れてすぐに「ここはちょっと違うな」と思った。まず、5階に比べて圧倒的に汚いのだ。ドアの隙間から人の気配がする部屋を覗くと、コンロで料理をしている人がいた。調理中なのは匂いでわかったが、香ってきたのはそれだけではない。窓際ではタバコを吸っている人までいた。いや、近寄って匂いを嗅ぐとタバコではない。マリファナだった。

扉には「occupied（専有）」と書かれているところもあった。明らかに異質な空間。気になりすぎて、思わずフロントで確認した。

「ここの4階ってさ、結局なんなの？」

「ホームレスやお金のない人を泊めることもあるんだよ」

嫌そうに説明してくれたスタッフ。構わず続けた。

「一泊いくらなの？」

「人によるけど10ドルぐらいかな」

そういうことか。最安値なのは彼らのいるフロアのことだった。さすがにそこに泊めてくれと言う気はしなかったが。そんなに長く滞在しないで俺はこの宿をあとにした。

ちょっと調べればわかるので、この宿の名誉のために言っておく。今では、値段が安いことで注目され、世界中からバックパッカーたちが集まるようになっているそうだ。決して、危ないホテルだとか、旅行者が泊まれないホテルというわけではない。それどころか、今後はこのホテルも、かつて山谷とか西成がたどったリニューアルで海外からの旅行者を呼び込む道を歩むのかもしれない。ただ、俺はもっとマシなホテルに泊まって、ニューヨークを楽しみたいのだ。

4階には完全に閉鎖されている部屋も。

泥棒市場 11

街の流れに乗っかって、なんとなく地下鉄に乗り、なんとなく降りた。結果、たどりついたのはハーレム地区の外れ。エリアによって棲み分けがされていた名残もあるのだが、いまだに圧倒的に黒人が多い。それは問題ではない。見るべきところがないことのほうが問題なのだ。

ともかく街の流れに乗ろうと歩いていると、どんどん駅から離れていった。2、3駅分は歩いただろうか、さすがに疲れたので、飲み物を買う店を探していた。すると、通りに沿って道端に露天商のような人々が集まっていたのだ。

何を売っているのかと思うと、スニーカーやサンダルにトレッキングシューズなどの靴類、携帯、ケーブル類、トランク、Tシャツなど衣類……。ラインナップに妙なまとまりがある。いや、むしろよく知っている市場だ。西成あたりで。

「これって?」

露天商の店主とおぼしき黒人の男性に声を掛ける。

「値段は、ものによって違うから」

ぶっきらぼうな感じでいかにも面倒くさそうに返された。聞きたいのはそういうことではない。

「ああ、いや、どこから仕入れているの?」

「売りに来るやつもいるし、そのへんからだ」

「拾ってきたりは？」

「あ？」

いかん。ちょっと機嫌を損ねてしまったようだ。これ以上追求したところで、どうせろくな話もできないだろう。適当に商品に興味があるふりをして、いくつか手にとってその場をごまかした。それから立ち去って一帯の露天商を見て回ることにした。

どこもラインナップは妙なまとまりのある感じだった。ここが「泥棒市場」的な役割を果たしているのだと結論づけることにした。途上国だけではなく観光地を多く抱えるような場所では、旅行者の廃棄品や、旅行者から盗んだものなどを販売する市場ができるのだ。ここもそうした場所だろう。ただ、トレッキングシューズやアウトドア系のメジャーブランドのウェアなどは十分に使えるもので、市場価格の10分の1程度で売っているのだから、節約中のバックパッカーなんかにはぴったりの市場だろう。

しかし、泥棒市場で売っているものまでオシャレだったりするなんて、さすがはニューヨーク。集まってくる人のファッションセンスが良く、仕入れに苦労しないのだろう。

12 定番スポットの歩き方

どこに行けば「ニューヨークに行った」と言えるのか？

この問いをNYウオッチャーにぶつけると、街に詳しければマニアックになるし、愛着があれば数が増える。だからこそぼやけてわからなくなるのだと思う。

視点を別において考えてもらいたい。これが歌舞伎町だったらどこに行けば「行った」と公言できるのか。一番街とさくら通りを歩いて、歌舞伎町のTOHOシネマのゴジラを見る。あとはロボットレストランとか、ラブホ街を冷やかしてバッティングセンターで一汗流して、ゴールデン街で一杯引っ掛ける。最後はサウナ（もしくはテルマー湯か漫画喫茶）で就寝。オプションでホストかキャバクラにでも行けば十分である。なんか、自分でこうやってまとめてしまうと身も蓋もない気もするのだが……、実際にこのようなコースで遊んだらそれなりに満足できるはずである。多分。

もし満足できない人がいるとしたら、それは、「目的」が欠けているからだろう。俺がニューヨークを堪能できたと思ったのは、自らにミッションを課して、それをクリアしたときである。そのミッションも初期のうちは「タイムズ・スクエアでホットドッグを食べる」、「自由の女神を近くで見られるスタテン島行きの無料フェリーに乗ってみる」、「エンパイアステートビルを歩いて一周」、「セントラルパークで散歩」、「メトロポリタンミュージアムの売店に行く」などなど。まあ、ミーハーなものばかりだった自覚はある。こうやって定番スポットとされているところに行くこともあるわけだ。だが、ただ行くだけだと座りが悪くなってくる。そこで、アトラクション的な設定を加えることで、街が立体的に見えてくる。そこに何がなくてもいいのだ。

ブルックリンのチャイナタウンを歩いたときには、マッサージ店の数を数えてみたし、イーストハーレムのタウンハウスを見て歩きながら、マイベストな建物を探してみた。形のないものだっていい。ミッドタウンとチャイナタウンでは空気の匂いが違うのかを探ってみた（全然違った）。カッコよく捨てられているゴミを探して写真を撮り歩いたこともあるし、グラフィティだけじゃなく張り紙や本当の落書きを撮影したこともある。

どれも自分にとっては貴重な経験だったし、ニューヨークを歩いている感じがした。特別なことはなにもしていない。ただ、切り口を少しズラしてみるだけで、定番スポットが違った見え方をする。それが、Ａｍａｚｏｎの路面店であっても、日本にも進出しているシェイク・シャックだったとしても、十分に堪能できる。そこは、あまり難しく考えるよりも、自分で堪能したと言い切ろう。個人の意見が尊重される街、ニューヨークなんだし。

タイムズ・スクエアにて。

初日のジンクス

13

歌舞伎町で過ごすときとニューヨークで過ごすときにあまり差をつけたくない。歌舞伎町で深夜0時に仲間たちと落ち合って飲むときに、別に気合いはいれない。むしろ、いつものこととばかりに肩の力を抜いていくことだろう。荷物もタバコとスマホぐらい。俺にとってニューヨークの初日はそんな感じに過ごしたいのだ。

「気合いを抜く」作業とでもいうのだろうか。できるだけ慌てないように心がける。たとえばモンスターエナジーを近くのデリで購入。店員と軽く会話をしてから宿の前まで戻る。部屋には入らず路上で一気飲み。そのあと、通りを眺めながらタバコを吸う。

これが旅の初日に必ずやることである。なるべくモンスターエナジーやレッドブルが望ましい。ここでエナジードリンクを飲むとなんとなく旅が上手くいくような気がする。別に命にかかわるようなジンクスではないが、やらないとなんか座りが悪い。その程度のことだが、だいたい欠かすことはない。

きっかけは、映画『ダイハード』のマクレーン刑事(ブルース・ウィリス)である。NY市警の刑事であったマクレーンは別居中の妻に会うためにロスに向かう。その飛行機でたまたま隣の席に座った男からおまじない(高所恐怖だったと思う)として教えてもらったのが、「旅先でホテルに着いたら、裸足になって、足の指を丸めて歩く」というものだった。劇中では裸足になったことでガラス攻めにあって大変なダメージを食らうわけだが、これも旅の出会いによる産物である。

公開された1988年当時は、旅にはまっていたわけではなかったが、その後、旅の初日のジンクスとして妙に記憶に残っていた。その後、自分が旅するようになって、初日にはなにかおまじないのようなことをしてみたいと思ってはじめたのだ。いざはじめてみると、やめ時がわからないので、今でも続けている。

もうひとつ。デリで店の人と交わされる「How are you?」とか「What's going on?」といった挨拶に対して、「I'm good」とか「Im thinking now」といった簡単な返事をしてみる。これは、歌舞伎町で「お兄さん、どうですか今夜?」「キャバないすか?」といった声掛けに対する返事のようなもので、ちょっとした英語のやり取りで「いま、アメリカにいるんだ」と実感できる。歌舞伎町で声を掛けられると、うっとおしいだけなのだが。ともかく、英語が大してうまくない俺のリハビリ的な意味合いもあるのだ。

14

アイ・アム・ニューヨーク

２０１６年に地下住人を追いかけて取材した。リスクも大きくて、正直なところ、あの取材で出会った人たちと再会する予定はなかったし、また会いたいとは思っていなかった。

もともと取材相手とは、その場限りのスタンスでやってきた。取材することで、相手の嫌な部分をえぐることもあるし、相手も他人だからこそ話せることだってある。必要以上に仲良くなる必要はない。おかげで、すっかり忘れていた。

あれから1年後、ふたたびニューヨークを訪れた。アッパーウエストのハドソン川に近い薬局に雑品を買いに行った。店内はコンビニのようだった。日本の薬局のように圧縮陳列するわけでもなく、広くスペースを使っている。そのせいか店内の様子がよく見える。少し寒くなってきたマンハッタンは、屋内に入るとホッとする。

「止まれ！」

のんびりした雰囲気をぶち壊すように、エントランス側から大きな声がした。警備員が誰かを捕まえていた。瞬時によくある捕物劇だとわかった。万引きだろうか。

近づいていくと警備員に迫られているのは、ホームレスっぽい男性だった。さらによく見ると「ホセ？」と、名前が出た。地下取材で出会ったホームレスだった。

彼は孤児院で育ち、その後、生きる場所を求めて地下空間へ。まともな仕事には就いてこなかったという。１９９０年代までは地下空間も賑やかだったそうだ。多くの住人たちがいたからだが、その時代は、治安の悪化が叫ばれており、ホセやその仲間たち以外は、地下空間に入れない状況だった。

米国同時多発テロが起きてからは取り締まりが一気に進み、もはや地下に住んでる人たちは壊滅状態。ホセはもっとも古株のひとり。地下住人たちの生き証人のような位置づけとなっていた。

彼にインタビューした際のことが思い出された。

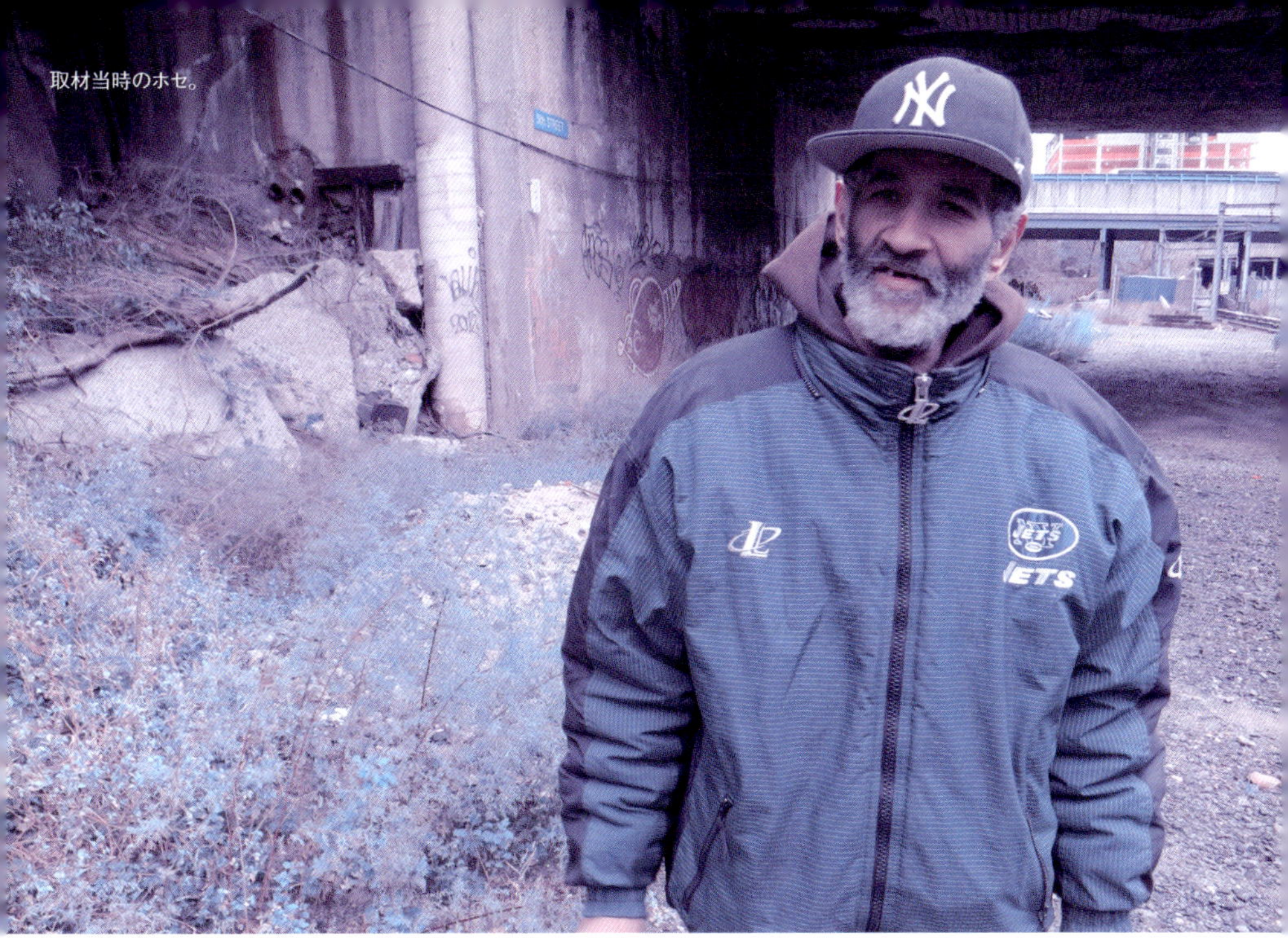
取材当時のホセ。

「家族が欲しくないんですか？」

「この俺に？　見てくれよ。無理だろ」

「そうかもしれないですが……」

「俺には解決すべき自分の問題があるんだよ」

そんなやりとりを思い出していると、彼が連行されていく。名前を呼んでも反応がない。顔を見ると放心状態で、目の焦点が合っていない。どこか壊れてしまったのかもしれない。取材中にも、正直、いつか来るかもしれないと思っていた心の崩壊。完全に呆けた男になっている。何かがあったわけではなく、訪れるべくして訪れた結末だと思う。その姿を見ながら、彼と最後に交わした言葉を思い出していた。

「ところですごくオシャレですよね」

「そうかい？」

「そのジャケットやキャップも、すごく似合ってる。ニューヨーカーって感じです」

「ありがとうよ。俺はこの街で生きてきた。アイ・アム・ニューヨークなのさ」

彼に対してなにもしてあげることはできない。取材で知り合っただけの関係であればなおさらである。残酷かもしれないが、ジャーナリストとして、このスタンスこそが必要なのだと思っている。

15 ウエストサイドの地下に住む娼婦

売春婦が街角に立っているのは珍しいことじゃない。それはニューヨークでも同じだ。そのうちのひとりと出会った。

彼女はダイヤモンドと名乗った。ウエストサイドの地下に暮らしていた。地下住人の取材をしているときにたまたま出くわしたのだ。彼女の仕事が売春婦だとわかったのは、会話からの推測である。

「私は女よ。それを使えば生活に苦労はないのよ」

生きていくために女を使うことに思うところはない。この街は女性だからといって優しいわけじゃない。なかには、助けてもらえることもあるにはある。知り合いの日本人女性は、ホームレスになったが、友だちの家を泊まり歩いて2年過ごしたと言っていた。彼女はウォール街で働くバンカーだったので、金がないというよりも家を探すのが面倒だったり、友だちの家を渡り歩く生活そのものが気に入っていたのかもしれない。

ダイヤモンドは違った。まず、彼女がつける仕事は限定されるだろうと、話しているうちにわかった。会話が噛み合わないのだ。

「お兄ちゃんがね……私の子どもはどこにいったの？お姫様って言われているのよ」

断言できないが、精神に疾患があるのかもしれない。そのうえ、ドラッグの常用者であることも伺わせた。

会話の途中で突然立ち去った彼女を追いかけることはできなかった。売春婦との出会いを一期一会と言っていいのかわからない。それでも、もう少しだけ、彼女のニューヨークでの日々がどんなものだったのか、売春婦としての生き方、彼女の生き方を聞いてみたかった。

地下通路で出会ったダイヤモンド。彼女以外の人影は皆無だった。

16

プライベート・セックス・パーティー

「黒人っていける？」

質問の意図を理解するのにしばらくかかった。

俺はＮＹ在住の日本人女性と話をしていた。彼女はアラサーでデザイナーをしていて、背が高くスタイルもいい。どこからどう見てもイケてるタイプの子だった。友だちの紹介で知り合った相手だが、俺も男である。邪な感情がなかったといえば嘘になる。ちょっとピンク色な展開を妄想しないでもなかった。

ミッドタウンのメキシカンレストランで飲みながら、なんとなくの探り合いで過ごした時間が嘘のように、

彼女は、後半一気に詰めてきた。それが冒頭の一言である。

「それって人種的なことで、その、つまり……レイシスト的な?」

「広い意味ではね。でも、私が言いたいのはね

意味深に置かれた一呼吸が長い。

「セックスよ」

(来た!コレ!やばい!)

ファンファーレが鳴り響いた。何度もこの街に来ているが、具体的なお誘いを受ける機会などそうそうあるものではない。内心でキョドりつつも飛び跳ねるなというのが無理ではないだろうか。

「へぇ~、セックスって、あれですか。女の子の紹介ってことですか?」

「うん。でもそれだけじゃないの」

「なにがあるわけ?」と言いながら(マジすか? セックス以上になにがあるのさ!)と揺れる。

「見られるのって大丈夫かな?」

「へ!?」(俺、グラグラじゃねえか!)

自分に突っ込む余裕が失われつつあるのがわかった。

「私の彼がブラックなのよ。無理にっていうんじゃないんだけど、『日本人の友だちいたら連れてこいよ』って言われているのね。彼のほうでもそういう子を用意してくれると思うから、一緒にどうかなって」

「ホ、ホテルとかでするのかな?」

いやいや、もっと聞くことあるだろ。いきなりのことで動揺していたのだ。

「ブルックリンにあるパーティースペースで、そこで見せっこしながらする感じかな。お酒とかアレとかも用意するし、どうかな?」

「どうかなって……そりゃあ、まあ……興味あるよ」

(アレって? でも、興味ある。ジャーナリストとしての興味、それだけだ!ごめん。嘘です)

「じゃあさ、今度末の土曜なんだけど」

「えええぇ!? その日、俺帰国だよ! なんとかなんないかな。せめて金曜とか」

「そうなの? 一応聞いてみるけど……」

彼女の反応から望み薄なのはすぐにわかった。これがニューヨーク流のセックスなのかと思ってみたものの、あとから聞いた話では、「そんなパーティーあるなら俺も呼べ!」と言われるばかり。この夜の会話自体、ある種の魔法をかけられたかのような出来事ではあった。実際、このパーティーは実現せず、彼女とは疎遠になり、その後も誘われることはないままである。

ドラッグの遊び方 17

文化の最先端のイメージが強い街であるだけに、そこの人たちがどんな遊び方をしているのかは気になるところである。もちろんそのあたりも探ってきた。取材だからね。

最初に訪れたのはクラブである。ここでの遊びが王道だろうと思ったからだ。

「どうやって遊ぶの？」

「うーん。ノリかな」

教えてくれたのは在住10年の友人である。俺は日本ではクラブにいったり、いかなかったり。それほど経験豊富じゃない。

「俺みたいな中年だと、簡単にはノレないんだよ。だから作法的なことを教えてほしいわけ」

「じゃあ、ぶっ飛べばいいじゃん。クラブなんてシラフで行っても意味ないから、テキーラのショットで何杯かいっちゃうか、コカインとか用意してトイレで決めてからいくのが普通じゃない」

「そういうもの？」

トイレの上のガラステーブルはコカイン摂取に最適。

「そういうもの」

「でも、コカインってさ……」

「大丈夫。クラブのトイレでもできるから」

実際にクラブの個室トイレはガラス板がタンクの上にあるところもあり、「それ用」だなとすぐにわかる。粉状になっているコカインを細長く置いて、丸めたドル札やストローなどで鼻から一気に吸引するのが定番の摂取方法だからだ。

警備員も黙認だし、むしろ「アーユーハッピー？」ぐらいのノリで個室から出てきた相手にサムズアップである。フロアでは一心不乱に跳ねるやつがいたり、カウンターではしこたま飲んでいるやつもいる。

このあたりで気がついたのだが、アメリカ人、特にニューヨークは「ながら」がない。どうやら、飲むときはひたすら飲んで、完全にアルコールが回ったら、それから遊びまくる。ドラッグも同じ。それが流儀なのだ。

まあ、バカになることで過剰なストレスを徹底的に発散したいという彼らの気持ちのほうがわかりやすい。正直、なんのネタもなくクラブでウェイウェイはねている日本の若者たちはよっぽどクレイジーだなと思った。


一方でもう少し大人の遊び方はないのかと探っていたところ、「完璧な休日を過ごした」と、ある日本人が、匿名を条件に教えてくれた。

「なんで匿名にしないといけないのさ」

「それはですね、ブルックリンのはずれで職場の連中と待ち合わせて、マリファナを吸いながらドライブして、郊外の別荘に行ったからです」

「なるほど、それなら日本では犯罪者だね」

「俺、日本に家族がいるもんで。別荘は同僚の親の持ち物で、そこをベースにトレッキングして、滝を見ながら、またマリファナ。そのあとはバーベキューで、いつのまにか合流した友だちが20人ぐらいになって、テキーラとか飲んで、水着でプール。馬鹿騒ぎした挙げ句に最後にまたマリファナ。最高でしたね！」

うん。正しいアメリカの遊びって感じがする。一応、法律の線引を考えなければいけないジャーナリストとしては、このぐらいでとどめておくが、ニューヨーカーにとってマリファナぐらいは遊びのお供になっているようだ。

そして、遊ぶときに羞恥心や遠慮はないし、そこに年齢や性別、国籍も持ち込まないあたりがいかにもアメリカ的な遊び方だといえる。

自由が似合うキャバ嬢のKちゃん

18

イーストリバー沿いに国連本部があり、近辺には日本人向けの店が点在している。そのひとつに「U」という店がある。日本人向けの高級クラブ。セレブな生活をしていない俺には、今まで縁がなかった場所である。

この場所を訪れたのは、ある女の子のことを不意に思い出したからだった。ある女の子、Kちゃんと出会ったのは、年下のプロ格闘家シブヤくんの紹介だった。店に入ってきた瞬間、華やかな何かが服を着ていると思った。170センチを超える長身に、抜群のプロポーション。大きな瞳と長い髪。これ以上ないほどの美人だった。

「Kで～す。ちょっと二日酔いで～」と言ってダルそうにカウンターに座った。

口を開くまでは完璧だったのに……。とはいえ、美人にはかわりない。いったい何を話そうか。美人を前に話題のチョイスに迷う時点で、モテ期を経ていない中年の悲哀が浮かび上がる。

「ゴンザレスさんって、いろんな所行ってるんでしょ、テレビあんま観ないけど、あの番組は好き～」

口ごもっていると、彼女のほうから話しかけてくれた。少し鼻にかかった艶のある声にも魅了された。彼女のように『クレイジージャーニー』のファンとして話しかけてくれる人は、この数年で急増した。「テレビ観ました。ファンです」と言われて嫌な気はしないが、正直めんどくさい。物書きが本業で、テレビタレントでもない俺にしてみれば、一度番組で話したことをプライベートで話すのは億劫でしかなかった。彼女のような美人に求められたとしても、その気持ちはかわらない。

「あ～まあ、それはDVDでも観ていただければ」

適当にお茶を濁す。面倒を回避するために効果的なのは反撃だ。自分よりも相手のことを知る。コミュニケーションの基本だし、悪いことではないはず。

「Kちゃんは何している人？」

「あたしは、銀座で働いている」

「クラブ？」

「あ〜ね」

難敵である。打っても響かない。連れてきたシブヤくんにそれとなく助け舟を求める。こいつは縦社会をくぐってきただけあって、先輩をたててくれる。

「彼女、前にニューヨークのキャバクラで働いてたんですよ」

「え!?」

一気に興味が引っ張られた。ニューヨークのキャバクラといえば、一流のスポーツ選手や商社マンたちが行く高級店の「U」じゃないかと思ったのだ。

「Uって店じゃない?」

「なんで知ってるの!」

ビンゴ! ようやく彼女に感情らしいものが出てきたことが素直に嬉しかった。

Kちゃんは地方から上京すると銀座で働いた。モデルもやったことがある。お店のお客から誕生日プレゼントに現金をもらってロスに行ったこともある。会話に動きができたおかげで、彼女の来歴も聞き出せた。

昔から海外に行きたい気持ちが強かったのだが、銀座のあるお店でニューヨークに姉妹店があることを知る。そこで働けばいいと思って衝動的にニューヨークに渡ったそうだ。当初、やっかいになっていた友だちの家は、お店から1時間ぐらいの距離にあったが、それが面倒で数週間は店に顔を出さずに過ごしたそうだ。家主である友人が「いい加減にどこか行け!」と怒ったことでようやく重い腰を上げた。それからしばらくUで働きながら、気ままなニューヨーク生活を楽しんだそうだ。

ニューヨークに暮らす人々は、なによりも「自由」を尊重する。そんな人々も一線を画する不思議な自由を生きる彼女は、ニューヨークであっても定住先に選ばない。同じような生き方をする女性たちと過去の旅で出会ったことがある。タイの安宿、インドの聖地、南アフリカのソウェト。国籍も人種も違う。彼女たちは決まって「自由を愛している」と言った。同時に自分の手には負えないタイプだなとも思った。Kちゃんのニューヨーク滞在の日々を聞くのが楽しかったが、微妙な距離は埋まることはなかった。

そんな相手だけど、ずっと心に引っかかっていたのは、出会ったなかでも、もっとも自由の似合う子だったからかもしれない。

ニューヨークという街の呪縛にも似た引力に引き寄せられても、そこからすら自由に飛び立つことができたのだ。きっと、いまも自由な旅をしているのだろう。

19 この街に集まる人たち

この街に集まってくる人たちは2種類いる。そのことを教えてくれた彼女は、舞台女優をしていた。彼女との思い出を紐解くと少々恥ずかしい部分も出てしまうのだが仕方ない。

　まず、彼女との出会いについて。彼女は演劇の勉強をするため渡米したのだが、それに先立って英語を習得する必要があった。そこが唯一の俺との接点で、英語学校が同じだったのだ。といっても、アメリカではなくフィリピンの英語学校。引き合わせてくれたのは、その学校の経営者のミオさんだった。

「ニューヨークに知り合いがいないか」と相談したら、「Dちゃんっていう女優さんがいるよ」と教えてくれて、会う段取りまでつけてくれた。

　実際に会った彼女は強い意志の感じられる瞳が印象的な美人だった。自然と彼女の話に耳を傾けた。

「ニューヨークに演出の勉強してみたい先生の作った学校があっただけで、それがロンドンでもパリでも、東京でも、きっとそこに行ったわ」

　意外だった。演技の勉強をする人たちはみんな憧れを抱いてくるものとばかり思っていたが、先入観を打ち砕かれた感じがした。そこから、フィリピンの話や、英語習得の苦労、アメリカでの生活。何を話していても、会話が途切れなかった。彼女のサービス精神の賜物だろう。そんな楽しい時間が過ぎて、店の閉店が近づいてきた。「出ようか」と言って彼女と一緒に夜のミッドタウンを歩いた。

ただ歩いているだけの後ろ姿を目で追いかける。真っ直ぐに伸びた脚は、しなやかで鹿とかそういった瞬発力のある動物の筋肉を眺めているようで飽きない。長く伸びた黒髪は、彼女が東洋人、特に日本人らしさを表しているような気がした。

「いつまでこの街にいるの？」

「卒業してからもしばらくはこっちにいるつもり」

「働く……いや、ビザがだめなのかな」

「就労ビザじゃないんだけど、専門分野に関する仕事の場合、申請すれば1年の許可が下りるの」

彼女に興味があることを伝えたかった。だけど、そんな好意は日常茶飯事。女優なのだから、美しいのは当たり前。そのうえで、存在感を発揮して観客を魅了するのが、彼女の仕事だ。俺も彼女にしてみれば魅了された観客のひとりである。

演技については素人なので偉そうなことは言えないが、彼女が学んだことがプラスになって、女優としての幅を広げてくれるんじゃないかと思った。だが、彼女は女優よりも演出をしたいと言った。どこまでも自分を貫くことができる人だなと思った。

「君は強いね」

「そう？　女優は体力仕事だから」

そういう意味じゃないんだけど……。でも、彼女の強い意志の宿った目で見つめられると、違うとは言い出せなかった。別の言い方を選ぶ。

「この街って生き物みたいじゃない？　夢を持ってきた人を飲み込んでしまったりさ。餌にしているのは、人の夢なのかな」

「私ね、思うんだけど、この街って2種類の人がいると思うの。過度な憧れを持ってきた人で常にニューヨークって素晴らしいっていう人。あとは、夢破れてなのかな、とにかく否定的。それがその人のアイデンティティなのかもしれないけど」

彼女から見たニューヨーカーたち。特に日本人の多くは、このどちらかに当てはまるのだろう。だが、俺はどちらでもない。ただのヨソモノに過ぎないからだ。

「着いたわ」

そう言って、彼女は軽やかに建物の入り口へと向かう。

これが彼女との短くも気づきの多い思い出である。あ～恥ずかしい。でも、聞いただけでは終わらせたくない気づきだったので、あえて公開してみた。

ヤクザとニューヨーカー 20

ヤクザのファッションといえば、派手なスーツで休日はジャージ。昨今では黒を基調にしたおしゃれジャージとか、タイトめなスーツだったり、裏社会のファッション革命のようなことも起きている。

この風潮に俺をはじめとして多くの裏社会に接点を……いや、言い方がまずい。密接交際者ではないので、なんとなく向こう側を見たことあるぐらいにしておこうか。俺らから見て一般的に思う裏な人たちのファッションとはかけ離れて、すっかりオシャレになってしまったのだ。

かつてのいかついファッションは、裏社会の人たちの優しさでできていたのだと思う。派手なジャケットの裏地は彼らの思いやりでできていたのだ。

意味がわからない？　詳しく説明すると、ひと目でカタギなのか、スジモノなのかをわからせることで示威行為としていたのだ。下手に名乗るよりもよっぽど早い。名刺代わりというやつだ。変に関わると危ないぞ！　と、服を通じてお知らせしてくれているので、これを優しさと言わずになんと言おう。

さて、ニューヨークだが、悪い人とそうじゃない人の違いをファッションで見分けるのは至難の業。まず、誰も他人のファッションに興味がない。ニューヨークファッションとか、俺流とか個性とかを肯定する言い方はある。若い時ならいざしらず、中年となった俺がいまさらファッションなんて……。興味がないわけじゃないが、勝負するような服を着なくなった。無難にまとめておきたいのだ。

だが、全身が黒だったときは「黒！」と、現地の友だちに突っ込まれた。

「キャップぐらいはネイビーにしろよ」

「なんで？」

「なんでって……ニューヨーカーって皮肉を混ぜた表現が好きなんだよ。だから全身黒と思わせてキャップだけ紺みたいなほうが、それっぽい」

お前の主観だろとは思ったが、一理あるようにも思えた。パッと見の印象を裏切る仕掛けをファッションに盛り込む。そんなニュアンスなんだろう。友人の意見を鵜呑みにしたわけではないが、それ以来、なんとなくひねくれた色使いを心がけるようになった。

ちなみに服装でわかるのは警官ぐらい。これも非番の警官だったらどうしようもない。スタテン島あたりは公務員が多く、警察官もたくさんいるので、特に注意が必要である。犯罪行為をしていない人にはどうでもいい情報かもしれないが。

21 売春、あります

売春宿の待合室。

「ありますから、マジで！」

いくら力説しても信じてもらえないことがある。ニューヨークに売春宿があったり、売春天国としての一面もある、というネタを披露するときまって否定されるので、切り返すときには、つい力が入ってしまう。

意外と思う人は何をもって意外としているのか。それが俺にはむしろ謎である。世界中からもっとも多人種が集まる人種のるつぼで、最古の職業ともいわれる売春がないほうが不思議である。誤解してほしくないのは、売春を推奨しているわけではない。この街に売春があることを知りたくない人がいることが不思議なだけだ。都市の暗部まで知ることで、その街がより立体的に見えてくると思っている俺としては、絶対に避けて通りたくない部分だ。そんな気持ちから、実際にいくつかの売春形態を取材した。

広く知られているのがコリアンタウンのマッサージ店である。そこでは、200ドルほどで本番行為までできる。客引きについていくか、タクシー運転手にでも声を掛けると、わりと簡単にたどり着くことができるので、ニューヨーク風俗では初心者向けと言われている。ただし、たどり着くのが簡単ということは、警察からしても捜査しやすい。ときおり摘発されることもあるので、注意が必要である。

次は少しハードルが上がる。中級者向けというか、経験者向けなのがチャイナタウンの置屋。紹介制が多く店の人の電話番号を知っているか、お店の人に顔を覚えてもらうのが条件になる。店舗型がほとんどで、一見さんは入れない。

同じく中級編にデリヘルのような派遣のエスコートガールもいるのだが、こちらはピンクチラシやホームページからアクセスするしかない。好みにあわせて細分化されており、日本人専門の店も存在している。アメリカに限らず、海外で電話するのは英語のヒアリングとスピーキングができないといけないのと、契約キャリアによってはSIMカードが必要など、難易度が高いが、慣れてみればそれほどのことではない。

最後に上級編だ。網羅的に巡ったエピソードからケーススタディしていただければと思う。

デリの情報を教えてくれたニューヨーク在住の友人と一緒にブルックリンをドライブしていたときのことだ。

「あそこにタチンボいるね」

不意に漏らしたひと言に驚いた。

「まだ昼間だけど、いるもんなの？」

「ここらへんは人通りが少ないから、車に乗っている人をターゲットにして商売しているよ」

走っていたのは倉庫街と港湾地区に近いエリア。人通りはほとんどないが、車の交通量は比較的多い。

「さっきの子って、ちょっと若そうだったけど」

「よく見てみないとわからないけどね。このあたりに立っている子は、ほとんどがヤク中なんだよ」

「ドラッグ？」

「そう。買う金欲しさに身体を売るってこと」

ニューヨークなのに発展途上国のスラムの話みたいだなと思ったが、薬物問題が多くのしかかっているニューヨークだからなのかもしれないと思い直した。

「でもさ、こんな倉庫街のどこで客をとるわけ？」

「車内でするんだよ」

「マジで？」

まあ、ちょっと待てと言いたげな友人は、そのまま先程の女の子たちを目撃した場所まで車を戻した。すると、さっきまで3人ぐらいで固まっていたはずの女の子がふたりしか見えない。そのかわりに、近くに白いフォードのバンが停まっているのが見える。

運転手の顔は中空の一点を見つめていた。

「あれ、買ったんだよ。きっと」

「もしかして、いまフェラの最中かな？」

結果、決定的な瞬間を見られたわけだ。だが、それ以上体験する気が起きなかったので、そのまま友だちと一緒にドライブを続けることにした。20分ぐらい車を走らせたところで、「本命に到着」と教えてくれた。降りた場所は倉庫と廃屋が立ち並ぶ、極端に寂れたエリアだった。

「ここ？」

「もう少し先なんだけどね」

友だちが言うには、さすがに店の前に車をつけるわけにはいかないということだった。

一緒に歩くこと5分。友だちが携帯を取り出して電話をかける。

「いま着いた。扉の外にいるから」

そう言って電話を切る。

「大丈夫そう？」

問題ないとばかりにうなずいた。なんとなく外観を撮影しようとした。

「ダメー」

慌てた友だちが俺を制す。

「え、まずかった？」

「あれ、見てよ」

廃屋が立ち並ぶ寂しい通りに売春宿がある。一見客では見つけられないだろう。

友だちの視線の先を追っていくと、小さなボール状のレンズがあった。隠しカメラだ。ほかにも数台確認できる。どうやら見た目通りの廃屋ではないようだ。おとなしく待っていると、ドアが開いて男が出てきた。ダニー・トレホかと思うような、かなり屈強な顔面をしている。顔立ちからヒスパニック系なのはわかる。「久しぶりだな。入れよ」と言った英語に訛りは感じない。下手な動きをしたらこの男にボコられたのかもしれないと思うと、股間が縮みあがる。生首にされて亀の甲羅にくくりつけられちゃうんじゃないかとか考えてしまう（詳しく知りたい人は『ブレイキング・バッド』を観てください）。

　ビクビクしながら入った室内は、やはりというか、外部の廃墟感は一切なくて完全にリノベーションされていた。2階に通されるとリビ

ングルームのような部屋だった。そこに面していくつかの小部屋があるようだ。ドアの数は3つほど確認できた。リビングには監視役の男のほかに、露出度の高い女たちがいた。どうやらここで女を選ぶようだ。アジアの置屋システムと同じだろう。

「値段は？」

「50」

　男は簡潔に答えたので、回答のかわりに金を払おうとした。

「女に渡せ。ここから選べ」

「じゃあ、この子」

　指名したのは大柄の子だった。無言で女は立ち上がって小部屋に向かった。正直なところ好みではない。そんな相手でも部屋に入ればこっちのものである。これまでの取材では、売春宿で金を渡して、性病やモラルの問題などのインタビューを試みてきたのだ。同じことをここでもやってみることにした。

「ねえ、今日は調子が悪いんだ。マッサージだけでいいかな？」

「？？？」

どうやら英語ができないらしい。ゆっくりと話す。

「どこから来たの？」

「コロンビア」

「今日はノーセックス。だけど、お金、あげるね」

「どうして？」

「お酒飲んできたから」

嘘である。だいたい、まだ夕方にもなっていない。

「いいよ」

そう言ってマッサージをしようとしてきた。ベッドに横たわり身体を任せる。力任せの雑な動き。満足できるものではない。ただ、会話はできる。

「ここは長いの？」

「2週間」

「アメリカはいつから？」

「2か月前」

彼女に限らず短期間の売春婦というのは少なくない。中国や韓国の店で働いている子たちのなかには、3か月契約で来ている子が多い。条件は2か月働いて残りの1か月は観光していいというものだ。資金も手にできて、旅行もできる。雇用側は安定して回転率を調整できる。客の側も新規の子に出会えるので、両方にとって良いシステムとなっている。俺の背中を揉んでいる彼女もそんな雇用条件なのかもしれない。常連の友だちは同じ子に出会ったことはないという。

「フィニッシュ」

彼女から声がかかる。時計を見ると20分が経過していた。この時間配分から、ちょんの間スタイルなのだとわかった。

「ありがとう」そう言って部屋を出た。

しばらくリビングで待っているが友だちのほうはプレイを続けているようで、出てきたのはそれから20分後だった。

「遅くない？」

「え、こんなものでしょ」

「ちょんの間的に15分とかそこらじゃないの？」

「そんなわけないじゃん。ノリだよ。適当。むしろ、お前が女の子に嫌がられることでもしたんじゃない？」

ちらっと俺の指名した子を見る。いまさらヤりませんでしたとは言えず、バツが悪い。こうして、ニューヨークの売春体験を無駄に重ねることになったのだった。

22 ストリップでハッスル

ニューヨークの風俗で遊ぶのはハードルが高いという観光客でも簡単にアクセスできるものとしてなにかないか。そう問われた時には、「ストリップ」と返すようにしている。

さすがにストリップを性風俗というには語弊がある。あくまで、風俗産業のいち形態というかなり広く捉えた場合として、あまり厳密な意味で捉えないでもらいたい。

日本でストリップは、ステージでダンサーが踊りながら服を脱いでいくスタイル。アメリカでも、だいたいは同じなのだが、トップレスになることもあれば、ビキニだったりすることもある。

日本では、取り締まりが厳しくなる以前にはまな板ショーやピンクなど売春行為も行われていた（いまでは厳しく規制されている）。それ以外だと、踊り子さんのファンが一緒にポラロイドを撮ったりする。これが劇場側の主な収入源になる。アメリカの場合は、バーに併設されているので、客は酒を買って飲みながら女の子を眺める。酒場としての収入は店側のものである。

では、女の子はどうしているか。なにより、どうやって客の側も楽しむのか。その疑問は以前から抱いていた。

　俺が訪れたのはブロンクスの、ウィリアムズバーグなんかとは程遠い、とても栄えているとは言えないような場所にあるストリップ。マンハッタンのクラブで「いいストリップがある」と紹介されたのがここだった。

　すでに夜になっていたこともあるのだが、とにかく通りに人がいない。ブルックリン南部の倉庫街の外れとしか言いようのない場所だった。こんなところにあるのかと思いながら、周囲を探りながら歩くと、ぼんやりとした明かりを放つ建物がある。

　音楽が流れる店内には、まばらに客がいる。女の子がやる気のない動きを披露しているステージも見えた。誰もアテンドしてくれない。普通のバーのようにカウンターに行って注文をするだけ。ビールを注文した。ハイネケンの小瓶。それを持ちながら、なんとなく店内をうろついてみる。アメリカのストリップの楽しみ方がわからないからだ。

　日本では先に説明したように演者の側の工夫があって観客はそこにいればいい。踊りを見て楽しめるからだ。アトラクションとして完成しているといってもいいだろう。一方のアメリカはどうなのか。やる気のない女、それも程よく……いや、でっぷりと肉のついた女が、遠くを見ながらなんとなく腰を振っているだけ。

（どうしろっていうんだ！）

　吠えそうになる気持ちをビールを流し込んで抑えながら、とにかく観客として優等生を貫く。すると、女たちに動きがあった。ステージから降りて、客の前に移動したのだ。それも尻を突き出した体位になってだ。

　さっきまで大人しく飲んでいた客たちがヒートアップし、Tバックに1ドル札を挟みだした。なかには、ペシペシと肉付きのいい尻を叩き出すやつもいた。

　いや、だから、なんでそれで盛り上がれるのさ。早々に退散することを決意せざるを得なかった。ストリップでは盛り上がれる客が優等生で、はまれなかった俺のほうが劣等生ということになるのだろう。

　アメリカ映画に出てくるようなストリップに行ったということ以外に何も得るものがなかった……いや、尻をペシペシ叩くことに興奮するアメリカ人男性がいることを知れたのは、それなりの発見だったかもしれない。俺自身はストリップにそれほどはまれなかったが、かなりフラットに見て安全かつ安心だし、そういった意味でオススメしておこう。

ハッテン場に迷い込む 23

「学校の近くで変な店を見つけたんです。アダルトショップなんですが、奇妙なんですよ」

「何が？」

「地下に降りる階段があるんです」

「それぐらいどこの店にもあるだろ」

「それが売り場の中にあって、一度気になって降りてみたんですが……いや、もう近所なんで見てもらったほうが早いですから。一緒に行きましょう」

「お、おう」

　血走った眼で、いつになく強い調子で詰め寄ってきたのはオガミノ。ニューヨークでメディアの最先端を学ぶ学生として暮らしている。タイムズ・スクエアとグランド・セントラルの間ぐらいで、彼の狂気じみた雰囲気に気圧され、一緒に行くことを承知してしまった。まあ、別にそこまで言われたら行く以外の選択肢はないように思っていたが。

　オガミノの案内で着いたのは入り口周辺のガラス窓にセックス関連の単語がペタペタと貼ってあるような典型的なアダルトショップだった。店内もエロＤＶＤとエログッズが適当に陳列されているつまらない店だった。売ろうという気配が感じられない。商売っ気が漂っていないのだ。

　一方、オガミノが俺を先導して連れて行ってくれた地下へと続く階段からは、どこかしら不穏な空気が漂っていた。

「ここ？」

　うなずくオガミノ。すでに俺のアンテナは微妙な波動をキャッチしていた。だが、ここまできて行かないという選択はない。好奇心はノータイムで「行け！」と背中を押してくる。ゆっくりと急な階段を降りてい

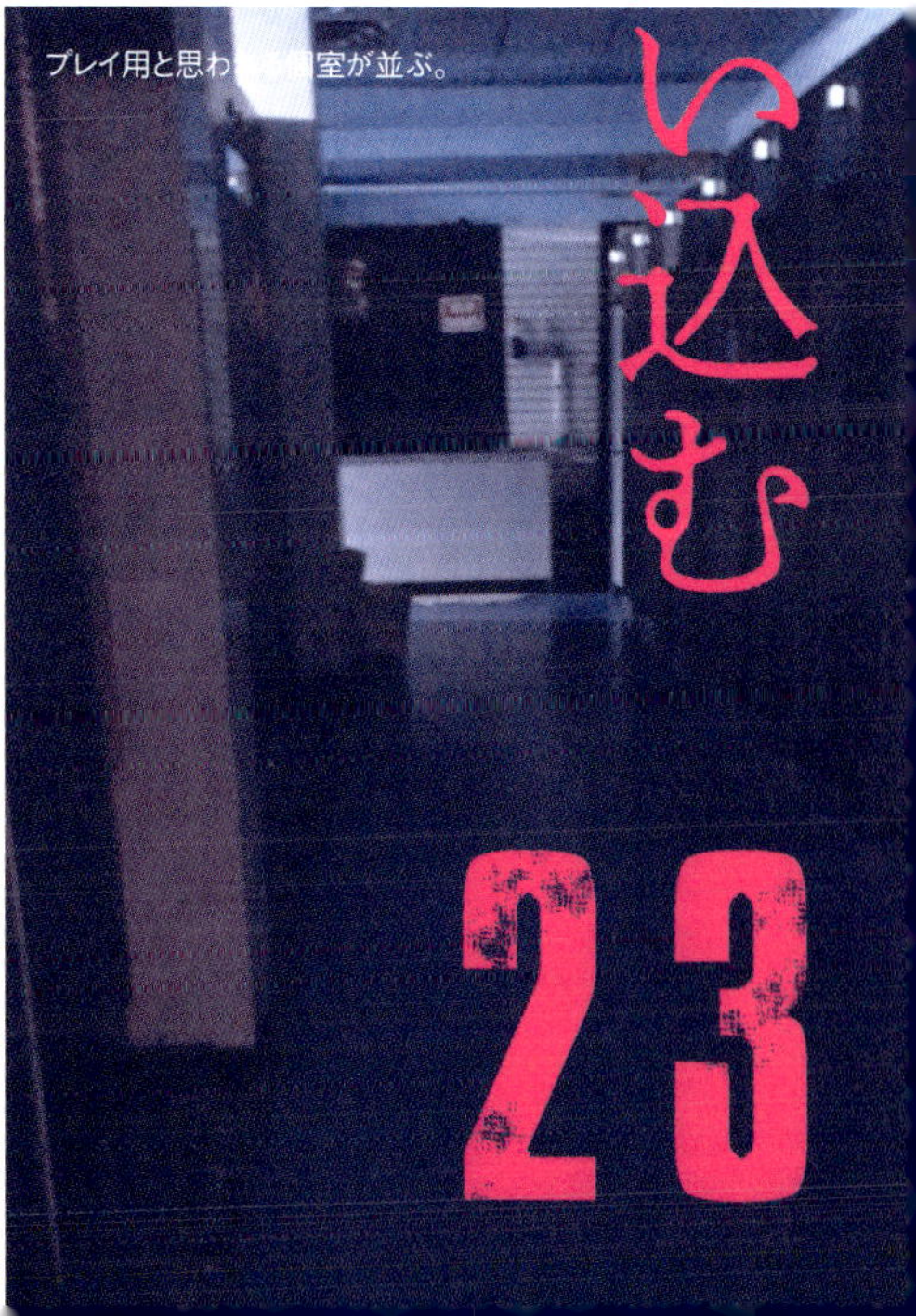
プレイ用と思われる個室が並ぶ。

く。土地のないマンハッタンでは階段の角度がきつくなりがちなのだ。手すりを持ってそろそろと降りる。

降り立った地下室は広い空間だった。照明が落ちていて薄暗い。目が慣れるまでしばらくかかったが、それでも自分が場違いなスポットに踏み込んだことに気がついた。何よりも突き刺さってくる視線。それは、新参者を値踏みするある種の審美眼である。この独特の空気には覚えがあった。その正体に気がついた瞬間、俺は後ろからついてくるオガミノに向かって言った。

「ハッテン場じゃねえか！」

「え、マジすか!?」

本気なのか、嘘なのか、きょとんとした表情を浮かべている。地下室は照明がほとんど落とされていて、全体的に薄明かり。漫画喫茶のような小さな個室が並び、階段まわりのロビーフロアにはワイシャツを着た男たちが愛情や性欲を確かめ合うようなアクションをとっていた。具体的な描写は避けるが、さすがにそういうところだとすぐにわかる。

一方のオガミノは状況が飲み込めているのかどうかわからないまま。とりあえず、すぐに連れ出すことにした。

「あそこはあそこで成立しているんだから、ノンケの俺が踏み込むのは失礼だから！」

「え？」

「そういう性癖の人のための聖域なんだよ。邪魔しちゃダメ」

「いや～すいません。気がつかなかったな。なんか不穏な気配のする場所ぐらいに思ってたんですけどね」

人畜無害な笑顔を浮かべているオガミノを見ていて、不意に別の仮説が浮かんだ。もし、わかっていて、こいつがここに連れてきたとしたら、それは何を意味するのか。自由の国で性癖の自由を手にしていたとしたら。

「君、もしかしてだけど……なんかキメてんのか？あ！　開花したの？」

「え？　はい!?　何いってんスカ？」

「いや、アメリカ滞在でなんか目覚めたのかなって」

「ちょっと、マジ待ってください。違います。本当に」

「これ、書いちゃっていい？　どっかで本に」

「おい！　ふざけんな！　変な噂が定着したらどうすんだよ！」

その後も絶叫していたが、取り合うことなくそのまま店を出た。まあ、彼の性癖がどこにあろうと友情はかわらない。

ニューヨーカーのセックス事情

24

Just tired of the singles scene and hoping to
creative person. You know who you are. To
possibility of the relationship morphing into
profound.
Looking For A Girlfriend
(This is not a Joke)

Fuck
OFF
I'm really looking for a girlfriend.
meet the right person. I am a profess
me each and every person is beautif
Looking For A Girlfriend
(This is not a joke)

なんでもある街だが、知らないと踏み込めないことや、ハードルの高いミッションは存在する。そのなかのひとつに在住者たちのセックス事情がある。風俗については専門分野でもあるので、独自の嗅覚で発見できるが、普通のニューヨーカーはいったいどこで、どうやってるのかが見えてこない。手っ取り早く知るために友人（高身長の和風美人）に聞いてみた。

「みんな、セックスの相手とかどうしてるの？」

「Ｔｉｎｄｅｒとか Coffee Meets Bagel ですかね」

どちらもすでに世界中に浸透しつつあるマッチングアプリだ。

「それ以外ってどうしてるんだろ」

「体目的の出会いだったらみんなクラブとかバーに行くかな。あとは普通に声をかけ合う文化なのでナンパも多いし、もっぱらパーティーですね。みんなすぐパーティーするし、社交の場なので、それぞれが知らない友だちを連れて来るし」

「メイク・ラブはどこでやるの？ ラブホはある？」

「ラブホはないですよ。作れば儲かると思う。自宅が基本です。ただ、夕方の駅前の路上で（セックスしているのを）見たことありますけど（笑）」

本人のことではないとはいえ、美人からセックス事情を聞けるのは悪い気がしない。出会いの場と言われたプライベートパーティーについて、日本人アーティストの友人（男）に聞いてみた。

「セックス？ Ｔｉｎｄｅｒはわかる？」

「もちろん」

「それ以外だとＵｂｅｒだね」

Ｕｂｅｒは配車アプリとして世界中で浸透しつつある。それで出会いとはどういうことか。

「Ｕｂｅｒで『Ｐｏｏｌ』って選択できるでしょ。乗り合いなんだけど、そこで女の子と一緒にマッチングするのが流行ってるね」

「ずいぶんとリスキーじゃない？」

「大丈夫。乗ってる人の性別もわかるし、キャンセルもできるから」

そういう問題じゃないとは思うが……。

「パーティーってどうなのかな？」

「若い連中のホームパーティーとかは普通だけど、ヤバイのもあるんだよ。ＶＩＰパーティーで、ローワーイーストあたりのクラブとかでやってるんだけど、完全に紹介制＆会員制で、入場料１０００ドル以上かかるのもざらにあるよ。出会いっていうよりも、女の子の紹介用なんだよ。会費はわからないけど、安くはない」

以前に厚手のカーテンで中が見えないクラブに行ったことがある。だいたいどこもそんな感じではあるが、そこは閉店後がヤバイのだと教えられていた。

「どういう子がいるのかな？」

「白人よりラテンかな。あとはミックス。東洋人や黒人は人気ないから」

「東洋人は人気あるって聞いたことあるけど」

「結婚相手としてね。セックスするだけなら、ラテンの腰使いには勝てないよ。ダークホースで人気あるのはインド人。顔立ちが良くて、垢抜けてていいんだよね」

東洋人にはできない腰の動きをするのは、筆者も経験済である。そのあたりは完敗と言わざるを得ない。

「持ち帰る場合ってどうしているの？」

セミプロ相手の場合、どうなるのだろう。友人女性にぶつけた質問を再度確認してみる。

「自宅が基本だけどね。ルームメイトがいても女連れ込みは普通だし。ただね、こっちだと高級ホテルでも深夜に『部屋ある？』みたいな感じで連れ込み宿がわりに使うのはめずらしくないんだよ。値段も１００ドル台で済むことも多いしね」

意外な発見だった。日本でもビジネスホテルなどのデイユースプランがラブホの休憩と同じように使われている。ホテルは空室にするよりも客を入れたほうが売上になるのだから、発想は同じである。

「素人の出会いはパーティーだけどさ、一番やばいのはエスコートだよ」

「エスコートっていわゆる派遣コンパニオンの本番アリみたいなのだよね？」

「そうそう。上流階級の遊び。働いている女の子に聞いたんだけど、オプションで『アナルＯＫ』にしたら月の稼ぎが５万〜10万ドルになるときもあるんだって。金持ち連中の考えていることってわかんないね」

タブーを金で買うには相応の対価が求められる。日本とはセックスに対して価値観が違うのはある程度わかるが、さすがに恐ろしくなる金額である。もっと恐ろしいのはドラッグとセットでセックスがおこなわれること。当然の組み合わせとして認識している人も多い。キメセクをする相手として、自分のパートナーではなく、割り切って遊ぶ相手を探しているニューヨーカーが多いのも、渋々ながら納得できなくもない。

多くの人が行き交うこの街ではセックスに対する価値観もだいぶ異なるのだ。

クラブで逆ナン

25

ここで俺の体験談をひとつ紹介したい。といっても大げさなものではない。クラブで白人女性に逆ナンされたことがあるのだ。その子は小柄で大きな目が印象的な子だった。「あなたに一杯奢るわ」と声を掛けられて話してみると、テキサスからニューヨークに来たばかりのカントリーガール。仕事をはじめたばかりで友だちがいないので、クラブに来て出会いを求めているそうだ。

だが、この時点で俺は本気にしていなかった。なぜなら、相手は年下の白人娘。こちらは30代後半（当時）のおっさんである。おまけに英語もそこまで堪能ではない。そんな引け目があったので、いまひとつ会話では積極的になれなかった。

どうしようかと思案した挙げ句、「今夜は友だちと来ているから」と、友人たちにどうしたらいいのか相談に行ってしまった。

「お前、バカじゃねえの？」

「え？ どういうことだよ」

「ああいうのは、一気にいかないとダメだろ」

「いや、今日は友だちの家に泊めてもらってるからさ」

「バカ。ここはニューヨークだぞ！ ルームメイトが女連れ込むなんてざらだわ」

「そういうものか……じゃあ再度トライしてみようかな……ってマジかよ!?」

決意を固めた俺の視界に入ったのは、俺よりもはるかに年上の男にお持ち帰りされようとしている白人娘

逆ナンは人生初の経験。

だった。

「ほら、言わんこっちゃない」

「あ～納得いかねえ。このままじゃ眠れそうにない……なんでダメだったのか聞いてくるわ！」

今思い返すとダサくて仕方ないのだが、そのときは相当に酔っていたので、こんな行動に出てしまったのだ。


「ねえねえ、なんで俺より彼を選んだの？」

「ごめんね。あなたのことメキシカンかと思ったのよ～」

「はあ？　でも、いまトイレにいってる彼はメキシカンじゃないよね」

「うん。でも、彼はアーティストで、自宅で作品見せてくれるって言うから」

　妙な悔しさは残ったが、一応は納得することができた。だって、あの子……多分、○○○じゃないですか。

　日本人は男女の出会いに「奇跡」や「偶然」といった要素を求めることが多い。それに加えて俺のように「確実性」とか「納得できる理由」を求めがちである。ところが、多くの人が行き交うこの街では、セックスに対する価値観も異なる。出会い頭やタイミング、その場の勢いに乗ってみるのも時には必要なのだ。

　それにしても悔しい。俺のように後悔するよりも、チャンスがあったらぜひ果敢に挑んでもらいたい。

ゾンビマック

26

マクドナルドに来た。コーヒーを飲みにきたわけでも、バーガーを食べに来たわけでもない。この場所に来たかったのだ。

俺の好きな曲に「Empire State Of Mind」がある。ジェイ・Z（ブルックリンのベッドフォード・スタイベサント出身で今はトライベッカに住んでるらしい）とアリシア・キーズが一緒にやっている有名なやつだ。

あの曲のリリックでマクドナルドが出てくる。要約すると、若いころのジェイ・Zは悪さしていて、仲間とあれこれやっていた。主にドラッグ関係。その文脈でマンハッタンのど真ん中にあるマクドナルドのことを歌っているのだ。気にならないわけがない。

実は以前からマンハッタンに「ゾンビマック」があるという噂を聞き及んでいたのだ。ジェイ・Zのリリックが存在を裏付けてくれたような気がした。ちなみにゾンビとは、このマクドナルドには薬物中毒者が多くて、店内を徘徊するのはもちろんのこと、退店する様子までがゾンビのように見えることからついたとされている。とはいえ、さすがに昼間から露骨な薬物中毒者なんかはいないだろうとたかをくくっていた。

8番街をずっと南に向かって歩いた。別になにがあるわけでもない。摩天楼が歩行者である俺を圧迫してくるだけだ。35Ｓｔあたりにマクドナルドの看板が見える。

店の外からは店内の様子ははっきりとわからない。ここはどこにでもあるマクドナルド。大半の客もクルーもおかしなところはない。だが、店内をスキャンするように見渡すと数点の違和感に気がついた。

座席には意識が混濁した男がいる。近くに行くが俺の気配に反応することもない。完全に時間の流れが違っている。彼はきっと別の世界を見ているのだろう。

コーヒーを注文して、店の全体を見渡せる奥の席に座る。そこにもひとつの違和感があった。トイレである。そこには警備員が常駐しているようだった。

動きからして、眠っているわけではないのは明らか。

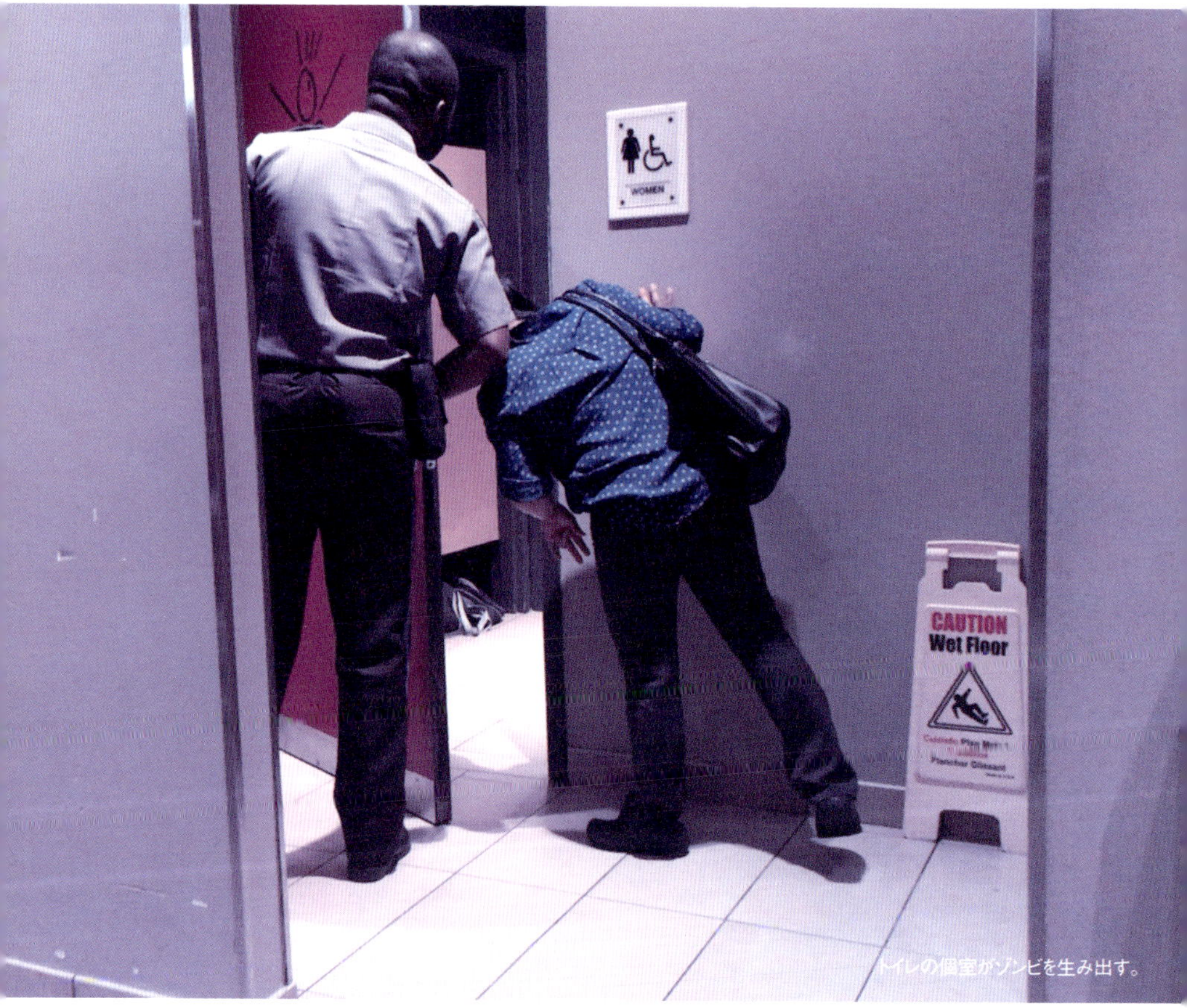

トイレの個室がゾンビを生み出す。

トイレと薬物中毒者はセットで考える。公共の場で確実にひとりになれる場所はトイレぐらいしかないからだ。薬中たちがそこを利用するのは自明のこと。だから、警備員が入り口に立っているのだろう。そういう意味での違和感でもあるのだが、どうも奇妙である。さきほどから、何人もトイレを利用しているのに別になにかをチェックしている様子もない。それどころか老人が利用するときには扉を支えたりと紳士的な対応をしているのである。このジェントルマン警備員は役に立つのだろうか。

しばらくコーヒーを飲んでこのあとの行動をどうするか考えていた。

「バッグを置くな！」

店内に大きめの声が響く。発生源となったほうを見るとジェントルマン警備員だった。扉を開いた状態で声を出したようだ。近寄って見ると、個室を利用している人が床に荷物を置き、それを注意したようだ。ちなみにだが、アメリカのトイレは下のほうが結構な幅で空いている。そのため特に注目しなくてもきちんと見えるので、警備員が偏執的にトイレを見ていたわけではない。彼の名誉のためにお伝えしておこう。

さて、なぜ警備員が注意したのか。予想はつくが彼に聞くしかない。

「どうしたの？」

「床に荷物を置いてはいけない規則になっているんだ」

「薬物中毒者がなにかするから？」

「ごめん。それは答えられない」

やんわりとした拒絶ではあるが、彼としては「察してくれ」と言いたげであった。先程も言ったように薬物中毒者はトイレを用足しではなく、ドラッグを摂取するための場所として使うのである。カバンが床に置かれるのはそのために邪魔になるからということなのだ。

客席にいるゾンビ男は注意されないが、個室にいる人はチェックされる。どうにもアメリカ的な割り切り方のようにも思える。

27 ドラッグに蝕まれる若者

ニューヨークでドラッグを入手するのは驚くほど簡単である。友だちからの転売、売人の紹介、ほかにはバーやクラブでのアフターパーティーである。

クラブは朝3、4時で閉店だが、アフターパーティーはそこから昼間まで続く。フリーの客が一見で来ることはまずないので、そこではドラッグも盛んに売買されている。そんな環境では、一線を軽々と超える若者も多い。なかでも問題になっているのは、「molly《モーリー》」と「フェンタニル（混合ヘロイン）」によるオーバードーズ（過剰摂取）だ。モーリーは、カプセル入りの粉末タイプのドラッグ。フェンタニルは混ぜものがされたヘロイン。どちらも成分は摂取するまでわからない。最悪の場合、死に至ることもある。仮に死ななかったとしても待ち受けているのは、まともな生活ではない。

マンハッタンを歩いていると驚くほど若いホームレスに出会う。それも高頻度である。その原因を深く掘り出すときりがないが、実はニューヨークに限らずアメリカではオピオイ

ド系の鎮痛薬が社会問題になっている。これはヘロインと同じ効能があり、強い中毒に陥るのだ。それを役所が認可し、製薬会社は宣伝し、医者は安易にかつ積極的に処方した。オピオイド中毒者たちのなかには、安価に同じ効果が得られるヘロインに走った者もいた。その結果、生まれていった無数の中毒者というわけなのだ。

適切な治療を受けているならばまだしも、多くの若者たちはヘロインを求めて売人から購入。家に戻ることもせず路上で立ち尽くしたままである。辛うじて帰宅できたとしても、そんな状態では仕事にいけるはずもなく、家財を売り払っていく。やがて家賃も支払えなくなると家を追い出されて本格的なホームレス生活へと突入していく。

「前に友だちから何千ドルもするスピーカーを200ドルでいいから買ってくれって言われたことがあって、『ヤバイのかな』って思ってたんだけど、やっぱり失踪しちゃってね。今はどうしているかもわからないよ」

そんなふうに身近で中毒に陥った人を持つ知人は語ってくれた。

「その人を助けようとはしなかったんですか？」

「実はそのあと探し出して治療しようとしたんだよね。だけどさ、あいつは戻らなかった。それどころか『ちまちま働いてどうする？ お前らは負け組だ。証拠を見せてやる』って言って、コップを持って車に物乞いして歩いたんだ。そしたらものの20分で50ドルが集まった。その金でヘロインを買いにいったよ」

ホスピタリティ精神あふれるアメリカらしいのだが、これでは、社会も彼らの中毒を助けることになりかねない。この現象は根深くて、安易な言及は避けておきたいが、すでに無視できない、引き返せないところまで事態は深刻化している。

28

マリファナとニューヨーカー

言うまでもないがニューヨークでも麻薬は違法である。しかし、違法でありながら手順を踏めばアクセスできるのが興味深い。しかも、マリファナぐらいであれば路上で吸引している人もわりと簡単に目にすることができる。すでに全米の多くの州で解禁されていることもあって緩いということもあるのだろうが。

とはいえ、マリファナが他州で解禁されていようと、2018年現在、ニューヨーク州では解禁されていないので、逮捕されることにはかわりない。

俺の友だちで、マリファナを食後に嗜むとか、寝る前に一服など、日本人からしたらかなりカジュアルに扱うやつがいる。

ブルックリンのおしゃれスポット、ウィリアムズバーグの外れに近い場所を彼が歩いていたときのことだ。

いつものようにくわえマリファナで、最後のひと吸いをして口に含んだ煙を曲がり角を出た瞬間に吐き出した。すると、煙は反対側の角にいた警察官にかかってしまったのだ。

これには双方苦笑い。その場で逮捕となった（即日釈放されたそうだが）。

これぐらいやらないとアメリカ国籍の人間を使用罪や所持罪では拘束しないことがほとんどである。もちろん営利目的や密輸などとなれば罪は重いし、外国人（日本人はここに含まれる）が使用しているのを逮捕された場合には強制退去に加えて、再度のアメリカ入国が許されない可能性もある。安易に手を出すことはおすすめしない。

ただ、ノリを大事にしないのもどうかなと思うので、そのあたりは自主性におまかせしたいところだ。

ホームレスからマリファナを買う男性（彼もおそらくホームレス）。

29

ドラッグの買い方

ニューヨークでドラッグを買う方法。そんなものを指南していいのか。ダメに決まっている。あくまで、俺の取材した範囲で知り得た大都市のドラッグ事情として紹介しておきたい。

まず、タバコ屋。ここにはTHC（マリファナ成分）入のリキッドを買うことができる。通常は合法州でないと買えないのだが、タバコ屋の常連になって「THCある？」と聞くと、カウンターの下から取り出して販売してくれることもある。このあたり、店員のさじ加減と店の適当さが大きな要素になるという。

次に路上での購入。ホームレスや道の角に立っている人に話しかけてみて、運が良ければ（悪ければ？）、一発で引き当てることもある。ただし、本物かどうか、どんな品質のものなのかといった保証を求めることは一切できないので、お手軽な分、リスクは相応にあると思ってもらいたい。そもそも、路上で購入なんてリスクが高すぎる。

もっとも確実なのが売人から買うことである。もちろん違法である。売人にも何種類かあって、自宅やアジトで販売する待受タイプ。宅配したりする広い意味での路上で販売をするデリバリータイプである。どちらも共通しているのは、売人の電話番号を知っていること。お互いの顔を認識していることである。平たく言えば「知り合い」ぐらいの関係性でないといけないのだ。

特に自宅で販売している売人も尋ねてきた客の顔がわからないと売りようがないし、デリバリータイプは路上で注文されることも多いので、客の顔がわからないと売りようがない。というのも、ニューヨークで人気なのは大きく3種。ヘロイン、マリファナ、コカイン。もちろんMDMAやLSD、クリスタルメスなんかも人気はある。ただ、コカインはニューヨーカーの間で需要がずば抜けて高い。

パーティーやクラブ遊びで必需品になっている。パーティーホストはどれぐらい白い粉を用意できるのかがオーガナイズ力を図る指標といわれることもある。客の側も遊ぶなら盛り上がりたいので、週末の夜などはコカインを求める人たちが一気に増えるのだ。

こうした傾向に販売側も対処している。どうするのか。それは「なんちゃってＵｂｅｒ」作戦である。

実はニューヨークを走るＵｂｅｒの80%が日本車だといわれている。なかでも人気の車種がＨＯＮＤＡのアコードとＴＯＹＯＴＡのカムリなのだ。つまり、かなりの確率でこの2台がマンハッタンをＵｂｅｒとして走っているのだ。そこに目をつけたのが売人たちである。客から注文が入ると、Ｕｂｅｒっぽい車で指定の場所に向かう。客は到着した車に乗り込む。軽く近所を一周して元の場所に戻ってくる時には客のポケットにコカインが入っているという感じだ。

このやり方は、一時期六本木で流行ったＴＳＵＴＡＹＡの袋に入れてタクシーで六本木をまわるというシャブの受け渡し方に似ているので、すぐに理解はできた。だが、売る側がＵｂｅｒに寄せた車を用意しているのがいまどきのニューヨークっぽいなと妙に納得させられた。

たしかにこのやり方ならば、路上駐車していても後部座席に誰かが乗り降りしている現場を見たとしても、ドラッグを取り締まる側の警察ですら違和感はないはずなのだ。

どこの世界でも犯罪者というのはあれこれ方法を考えるものである。そして、すでにアメリカではマリファナ成分入の錠剤が販売されている。ただ、日進月歩のこの分野の最新情報は、紹介した時点で古くなる宿命にある。それほど動きの早い業界なのだということを覚えておいてもらいたい。

マリファナ成分の入った電子タバコはすっかりメジャーな存在。

30

プッシャーお宅訪問

ドラッグの取材で売人のお宅に訪問したことがある。突撃ではなく友人の紹介でのこと。場所はチャイナタウンの外れぐらい。古びた雑居ビルの一室で、間取りはおそらく2LDK。リビングは広いが照明はロウソクや間接照明が使われていた。謎だったのはなぜかバスタブがリビングにむき出して置かれていたことぐらいである。主は中国系アメリカ人。30前後の若い男だった。

「紹介で来た」

そうは言ってもこちらは初対面の日本人。男の眼からは警戒心がほとばしっていた。どうにか打ち解けて話を聞きたい。俺は持っているネタのあれこれを出していった。拙い英語で説明していく様子がおかしかったのだろう。男の顔が少し緩んだ。それから、ミックスナッツをボールにあけて、こっちが手土産に持参したビールで乾杯することになった。どういうわけか売人のところに行くとナッツを出される確率が高い。塩味とナッツの香ばしさは嫌いじゃないが、どうにも口のなかがパサパサする。水気を強奪されていく感覚がまり好きじゃない。ビールを一気に飲み干す。

この様子が気に入ったのだろうか。男は急に嬉しそうになって、何かを言おうとした。だが、すぐに言葉が出てこない。こちらの英語力を推し量った結果、うまく伝えられないとでも思ったのだろう。少し考えてパソコンでイメージ検索をはじめた。

「これは日本語でなんていうんだ?」

画面に出されたのは大麻樹脂だった。

「大麻樹脂かな。うーん。あとは、ハシシ?」

「そうそれだ! ハシシ。俺たちも同じ言い方をするよ」

そこからイメージ検索で同じような遊びを繰り返した。

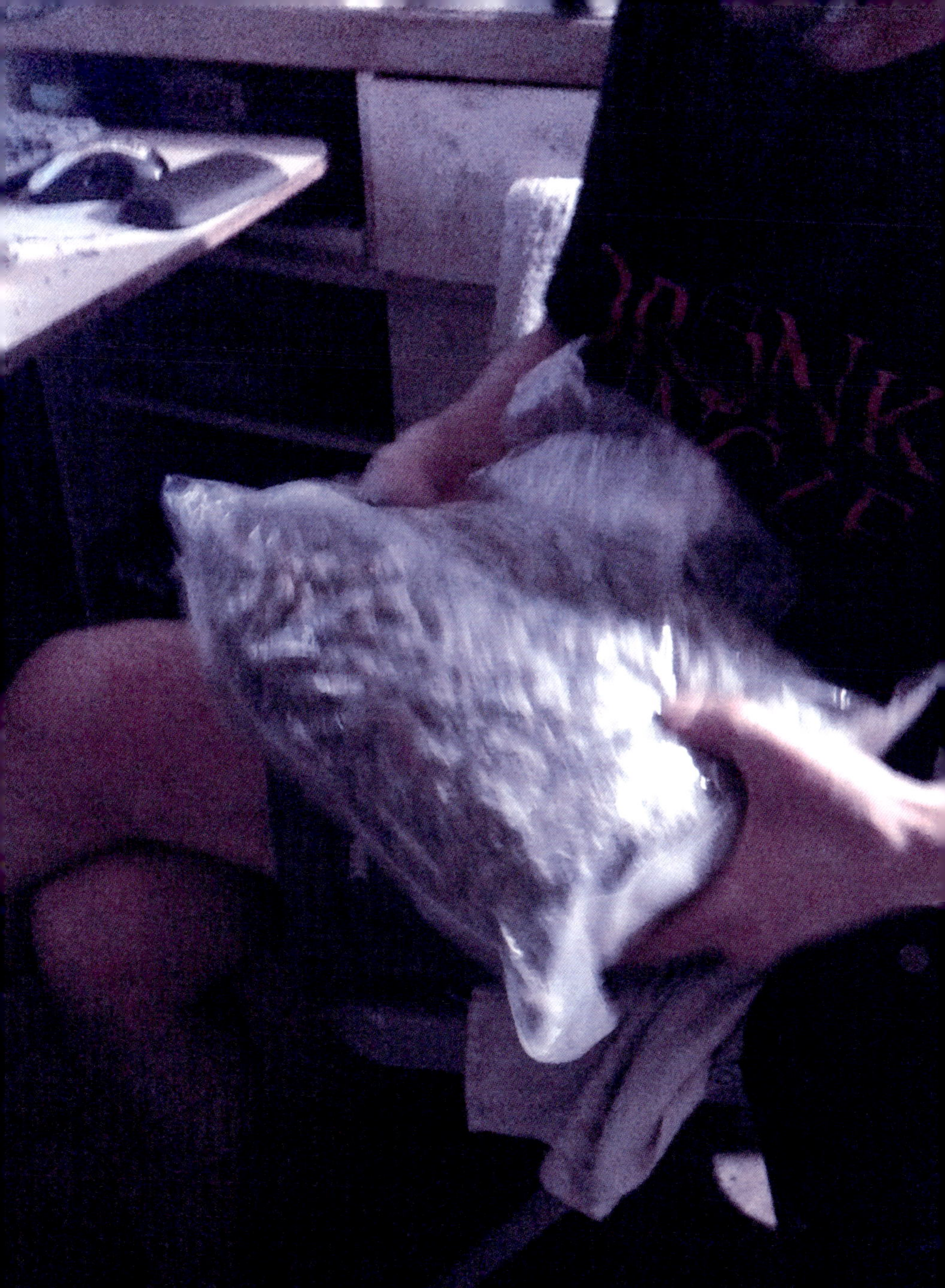

1ポンド(約453.6g)のマリファナを手にするプッシャー

すっかり打ち解けて商売用の1ポンドにまとめられた巨大なマリファナ袋を見せてもらい、昨今のドラッグ事情などを聞いていくことができたのだが（このあたりは拙著『ダークツーリスト』に詳しい）、飲みすぎたせいでトイレに行きたくなった。

（売人の家のトイレってどんなだろう）

そう思って、トイレを借りてみた。掃除もしてあったし、案外普通だった。まあ、人が暮らしている家なので当然なのだろうが。気になったのはまったく明かりのついていない奥の部屋だ。さすがに手入れをするわけにもいかず、後ろ髪を引かれる思いでリビングに戻る。

「ところで今日はどうするんだ？」

「俺はツーリストだから持って帰るわけにはいかないんだ」

「そうか。必要だったらマリファナ以外にも、もっとヘヴィなやつも用意するからな」

ありがとう。でも、ノーサンキュー。奥の部屋にあるであろう、ヘヴィな何かに思いを馳せながら男の部屋を後にすることにした。ちなみに、帰り道で警察官に声をかけられて、異様にドキッとしたのだった。

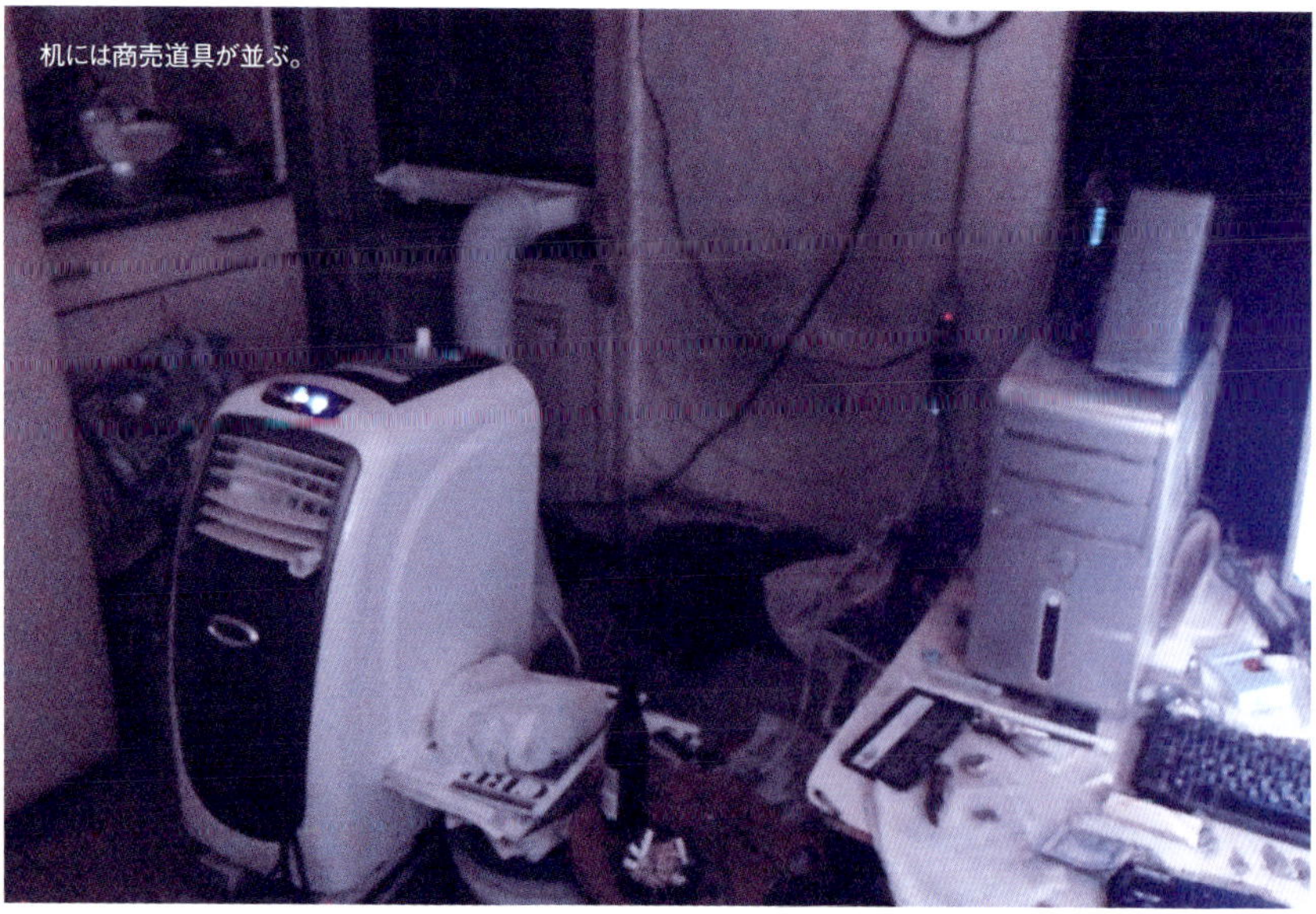
机には商売道具が並ぶ。

CHAIR UP
CHAIRS·TABLES·STOOLS
CHAIR UP INC

ONE WAY
10 AV
PARK

FOAMULAR
R-10

love your
creativity
Do not hold doors
Do not lean on door

Do not lean on door
1538
Do not lean on door

PREPARAMOS
BANQUETES
BARBACOA, MIXIOTES
CARNITAS
TENEMOS RICAS
JUCOS (AGUAS) FRIAS
CATERING APPETIZERS
BANQUETES
PARA TODA
OCASION
CHILES RELLENOS
FLAUTAS (FRIED
TACOS), MOLE
CARNITAS,
BARBACOA, SALSA
MIXIOTES, BIRRIA
POLLO ENCHILADO,
TINGA DE POLLO,
ARROZ, PICO DE-
GALLO, GUACAMOLE
ENSALADA, Y MUCHO
MAS.

Mulberry
Street Bar
Beer
Pizza
Pasta
urgers
Established 1908
BUD LIGHT
Heineken
Budweiser

BUFFALO
WINGS
2543
A MAST

but please don't
bank and ride.

HATRED
TIGER HUNTER
虎ハンター

bakery
Carrot Cake
Price 5.45
Cal 770

31

パブリックアート

ニューヨークには美術館がたくさんあるが、箱に入っていない作品もある。それが、パブリックアートだ。ギャラリー以外の公共空間にあるアート作品のことである。これまで見かけることはあっても意識することはなかった。そもそもニューヨークを歩いていると、それがアートだと気がつかないこともある。理由は風景に溶け込んでしまっているからだ。特にグラフィティは、ニューヨークの風景になっていると思う。

　そんなグラフィティをしているfunqestという日本人と出会ったのは、友だちの紹介だった。LINEで連絡をとりあってイーストビレッジで待ち合わせた。

普段は天狗の面をつけていてメディアに顔出しすることはない日本人アーティスト。

「どうも」

　そう言って現れたのは、同世代の日本人男性。そこから、不思議とウマがあったというか、一晩中飲み明かすことになった。ふらっと入ったのは彼が行きつけの日本人向けの飲み屋で、焼酎が充実していた。その後、クラブに行ってカウンターに陣取り、自分のバックボーンや、今の仕事への姿勢、人生哲学のようなものを話した。

　その後も彼とは交流が続き、ニューヨークで一緒に飲んだり、彼が日本に来たときは、ホームグランドである新宿で酒を飲んだ。

　そんな彼の作品を最初に見た時、ニューヨークで絵を描いて、作品をつくって生きていくことが一筋縄ではいかないことがすぐにわかった。こういうと大げさ

オリジナリティの強いfuncest氏の作品は近年人気を集めている。

かもしれないが、ひと目で誰が描いたのかわかるほどの強烈な個性を感じたからだ。まるでマヤかアステカの壁画のようでもあり、ポップアートとしての色使いもある。不思議と惹きつけられる作品だった。

「これって、古代文明の壁画とかモチーフにしているの？」

「ああ、そういうのもあるけど、俺の場合はさ、世界に対する答えを出しているんだよ。こいつがね……」

キャラクターごとに説明を加えていく。彼のなかで物語があって、確信をもって描いているのだ。当然のことのように突き付けられた衝撃は大きかった。

この街は自分を高めるために来ることもできるが、それだけでは足りない。ここは勝負をする場所なのだ。クリエイティブで勝ち残るというのは人間としての土台も、勝負するだけの腕も度胸もないとつとまらない。その覚悟を持ったものだけが立つことを許される厳しいフィールド。そう思って見ると、街にあふれるアートたちもニューヨークで勝ち抜いた結果であり、道半ばで負けた者にとっては墓標にもなる。

すべてのアーティストが、厳しい栄光のステージに立つことは、かなわない。でも、そうした人たちの活動はこれからも追いかけたい。

伝説の地下美術館 32

地下空間にはいたるところに出入り口がある。

憧れの美術館はどこかと聞かれたら、「メトロポリタン美術館」と答える。なぜなら、あそこには世界最高峰のキュレーターが集まっているからだ。

階段を登り正面玄関に立った瞬間、俺は感動に包まれていた。それもそのはず、俺が持っている資格のなかに「博物館学芸員」があるのだ。つまり、俺にとってここは聖地であるわけだ。

同じようにアーティストにとっても聖地である。多くの才能がしのぎを削っている。ただし、美術館に収蔵・展示されるためにではない。数年前、覆面アーティストのバンクシーが街なかをキャンパスにして作品を作り続けたことがあった。その様子は『バンクシー・ダズ・ニューヨーク』として公開され、右往左往する人々の様子まで含めて作品化された。

バンクシーは、世界中で風刺色の強い作品を発表している。ときにはヨルダン川西岸のパレスチナ自治区を隔てる壁すらもキャンパスにする。

彼の作品は、数百~数千万円で取引されるほど値段がつり上がっている。ただ、そのことに本人は批判的な姿勢をとっており、かつてニューヨークの路上で1枚60ドルで自分の絵を販売するパフォーマンスをしたほどだ。ちなみにこのときはほとんど売れなかったそうで、もし手にしていたらとんでもないお宝となったことだろう。まあ、この発想が俗物的で良くないのだが。

さて、こうしたグラフィティにすら値段がつく状況に心を痛めているアーティストは少なくない。そこで著名なグラフィティアーティストたちが集まって「地下美術館」を作ったという噂が流れている。その存在を知り、地下冒険の目標としてアタックしたのだが、その場所にはたどり着くことができなかった。地下道からさらに下層に降りるなど、かなり攻めた探索をしたが、難易度としては、はるかに高かった。

だが、先輩アーベックスから「俺は、たどり着いた。あの場所は確かに存在する」との証言だけはもらった。彼の目に写った地下美術館の展示品は、地上のどんな場所で見る作品よりも、大胆で挑戦的なものだったという。名だたるアーティストたちが1年かけて描きあげた作品が壁一面に並んでいるそうだ。正直眉唾かもしれないが、俺は彼の言葉を信じた。彼がその設立をアシストしたメンバーのひとりだったからだ。

それなら場所を聞けばいいだろ? そう思うのは当然だが、それじゃあ面白くない。自分で切り拓いていくから面白いのだ。ニューヨークは努力する街じゃない。勝負する街なのだから。

前衛アートのように組み上げられた椅子。

ニューヨーク都市伝説33

アメリカは若い国というイメージがあるせいか、伝説伝承の類が少ないイメージがあった。これは、日本やヨーロッパと比べているからであって、1776年の建国からすでに200年以上経過しており、ヨーロッパからの入植と都市の成立を考えればさらに歴史の蓄積があるので、伝説が生まれていてもおかしくない。特にニューヨークのような巨大都市の場合、まことしやかにささやかれる都市伝説というのは、すでに無数に生まれている。そのいくつかを紹介しようと思う。

・白いワニの伝説

ニューヨークの都市伝説でもっとも有名なのがこのワニである。特に白いワニとされている。これは、ペットとして飼っていたワニをトイレから捨てたら下水道で野生化してしまった。しかも、日にあたらない環境にあるため色素が退色して白くなった。さらに、下水道に含まれる特殊な汚染物質による化学反応で巨大化してしまった、というものである。

アホかとしか言いようのない荒唐無稽な話である。と言いたいところではあるが、実はそうでもない。

白のアルビノ種については、先天的に生まれるものなので、嘘なのかどうかはわからないが、ワニの発見事例については意外に多いそうだ。これは本当にペットの廃棄によるものだったり、川から下水道に上ってきたりする。ニューヨークの下水道は汚水の処理場とは別にマンハッタン島を囲むハドソン川やイーストリバーなどと直接繋がっている箇所があるからだ。

さすがに巨大化については、ありえないと断言する。というのも、前にも触れたが、下水道の衛生状態のひどさは半端なものではない。糞尿はもちろんだが、洗濯排水、道路の排水など、ありとあらゆるものが、そのまま流れ込んでいる。

いったいどんな化学反応が起きているのか想像もできない。実際に臭いをかいだ印象では、汚水というよりも劇薬に近い刺激臭が漂っていた。そんな場所で、生物が生きていけるとは思えない。

地下空間で見つけた動物の骨。

・タイムトラベラー

タイムトラベラー「ルドルフ・フェンツ」の都市伝説もかなり知られた話である。

時代は1950年の6月。タイムズ・スクエアに奇妙な服装の男が現れた。緑のシルクハットにコートを着用していた。100年前の貴族か実業家のような服装であったことから、多くの人は映画のエキストラかと思ったという。現在でもニューヨークでは個性的なファッションで歩く人が多く、それだけならば注目を集めることはない。

だが、男は突如パニックを起こして路上に飛び出し、そこに走り込んできたタクシーに跳ね飛ばされて死んでしまったのだ。

その後、彼の身に付けていたものが多くの人の注目を集めることとなった。というのも、着ていた服は新しいのに、布地は1世紀以上前の手法で作られていた。ポケットに入っていた紙幣も古い時代のものであるのに、経年劣化はなく現行紙幣のようだったという。極めつけは、「ルドルフ・フェンツ」と記された名刺と、同名宛で消印が１８７６年の手紙が入っていたことだった。

この事件を捜査した警察は、ルドルフ・フェンツを探した。その結果、見つけ出したのは、同名の男性の息子の未亡人だった。彼女によれば、夫の父にあたる義父は、１８７６年にタバコを吸いに行くと言えを出たまま行方不明になったそうだ。警察が行方不明者リストを調べてみると、たしかに「ルドルフ・フェンツ」の名前があった。

というのが、ルドルフ・フェンツの伝説である。似たようなタイムトラベラーものはニューヨークに限らず、世界中でみられるが、その元ネタがこの話であるとされているのだ。実際にはＳＦ作家Jack Finneyが発表したエピソードだったそうだ。しかし、ニューヨークでは、タイムトラベラーでなくても時代衣装で集まるパーティーとか、時の流れが止まったお店とか、ふとした瞬間、パニックになりそうな場所というのはあるので、旅行者のみなさんも注意して見てもらいたい。

・マンハッタンをつくった日本人

さて、これはテレビ番組でも紹介されたことがあるので、日本では有名な都市伝説かもしれない。実はニューヨークの街づくりに日本人が関わっているというのだ。

江戸時代、日本を訪れたオランダ領事が、シンプルな日本の街づくりに感動して、徳川家康に街づくりのための人材として秦高尚《はたたかなお》を派遣してもらった。

秦は大阪を参考にしてニューヨークをつくった。というのも共通点として「2都市とも大きなふたつの川に挟まれている」、大阪の縦の道を筋、横の道が通りになっているところを「アベニュー」と「ストリート」

にしたといったものだ。やがて、秦の働きが認められて、人々は愛着をもって「男、秦」と呼んだ。それが転じて……男、ハタ→マン、ハタ→マンハッタンとなったというのだ。

ダジャレもいいところだ。信じるのは自由だが、さすがに都市伝説を論破するのも野暮なので、簡単に本当の名前の由来を記しておこう。マンハッタン島は1609年イギリス人探検家ヘンリー・ハドソンによって発見されている。その際に先住民のレナペ族が「多くの丘がある島」という意味で「マンナハッタ」と言った。これがマンハッタンの由来とされている。人間の想像力は本当に無限大である。

・クイーンズの地下に軍の秘密基地がある

クイーンズにある廃路線に潜ったことがある。そこには、かつて使われていたらしき地下鉄の駅があった。その場所は地元のアーベックスの連中すら知らない、ニューヨークの秘密の場所だ。

いったい何が秘密なのか。それは、アメリカ軍の秘密基地があるというのだ、かつて、アメリカとソ連の間で繰り広げられた冷戦時代につくられた施設が眠っているのだという。

都市における軍や政府が建造した地下施設というのは、都市伝説になりやすい。日本でも知られているところで「千代田線核シェルター説」や「有楽町線軍用路線説」などがある。どちらも地下鉄の路線が皇居や国会、防衛庁などを通っているところから、要人の保護や輸送という観点から生まれたものである。まあ、海外では実際に地下鉄をシェルターとしている都市もあるそうなので、あながち間違いではないところもあるだろう。

ただ、ニューヨークの場合は、やや荒唐無稽感がある。さきほどの冷戦時代に建造された秘密基地では、宇宙開発に名を借りたソ連の長距離弾道ミサイルを迎撃するシステムがあるとか、円盤型の最新戦闘機が格納されていたなどというものがセットになっているからだ。

いずれにせよ、俺のような外国人が潜り込めるような場所に軍事施設があるとは思えない。

ニューヨーカーの伝説

34

オカルトや遺跡のようなものばかりが都市伝説を生み出すわけではない。ニューヨークの住人は「ニューヨーカー」として特別枠に括られ、様々な伝説とリンクされている。

代表的なものに「歩く速度が世界一速い」というものがある。これは、大都市であればどこだって人の歩く速度は速いのだから、そういった意味では合っているが、ニューヨークが格段に速いというわけでもない。ましてや世界一かどうかなんてわかるわけがない。

このような誤解ともい

えるようなニューヨーカーの伝説をいくつかまとめて紹介しておこう。

・世界一クールで冷たい
・独身女性はマンハッタンで素敵ライフを満喫
・ブルックリン、ブロンクス、クイーンズで対立している
・健康のためなら死んでもいいと思っている
・最先端ヨガばっかり生み出している
・最先端スイーツばっかり生み出している
・若者は最先端オシャレに身を包んでいる
・「ニューヨークで一番ってことは世界で一番ってこと！」と言う

こんな感じだろうか。

まあ、いくつか本当だったりするし、どこかヒガミ半分のところもあるのだが、ニューヨークで出会ってきた人たちは冷たくなかったし、ハイカロリーの食べ物だって平気で食べる。住んでいたり、生まれ育った地域にプライドはあるけど、不用意に他のエリアをけなしたりはしない。まあ、イメージ先行だったりするんだろう。ただし、最後の「ニューヨークで一番ってことは世界で一番ってこと！」だけは、何度か本当に耳にしたことがある。ある意味、「世界で一番」というプライドや自負を持っているのだろう。もしかしたら、多民族都市であるからこそ、そうした心の持ちようこそがニューヨーク人たらしめているのかもしれない。

移民ごはん

35

この街で飯を食うなら、カッコいいところで食いたい。ミーハーな憧れは少なからずある。はじめて来たときには、近所の売店でコーラとプリングルスを買った。５ドルもしなかった。チップもなかった。チャイナタウンからソーホーやリトルイタリーを歩いてみたが、ここならいいかなと勇気をもって飛び込める飲食店に出会えなかった。店の選択肢が多い上に値段が読めない。メニューを見れば、20ドルどころか30ドルオーバーだって当たり前。軽々と50、１００と値段がアップする。

「そんな金出せるか！」

こちとら松屋で牛めし食えたら幸せだった無職時代を経ているハングリー作家である。晩飯ですら２０００円を越したら罪悪感に苛まれてしまうのに、ましてや30ドルなんて、まじでありえねえから！　悪態をついて、横断歩道に設置された灰皿の前でタバコに火をつける。夕暮れも過ぎてあたりが暗く、街灯もオレンジ色なのがニューヨークっぽいというか、いくら煙を吸っても腹はふくれない。どうしたものか……。

バワリー・ストリートから奥まったところにあるデリの前に人だかりがあった。労働者風の人々が作業着姿でタバコを吸ったりドリンクを飲んでいた。そのうちの何人かがサンドイッチを頬張っていた。限界突破の空腹具合にやられ、彼らを分け入ってデリに入る。そこにはわりと大きめなキッチンがあり、イートイン・スペースまで設置してあった。ここでいいじゃん、と思ったと同時にカウンター越しに注文していた。

「バーガー、ひとつ。フレンチフライもつけて。ドリンクは……コーラで！」

「ＯＫ。待ってて」

対応してくれた男は南アジア系の顔立ち。そういえば、さっき表に溜まっていた連中も同じ系列だったような。キッチンでバーガーを焼きはじめたので、タバコでも吸おうと店の外に出た。さっきの男たちが俺のほうを見る。

「インドから来たの？」

「俺らはバングラデシュだよ」

「そうなんだ。俺は日本から」

「仕事かい？」

「旅行だよ」

「羨ましいね。俺たちは仕事が終わったところさ」

「ここでディナー？」

「そうさ。この街は高いからね。給料も高いけど、ほかのものも高いのさ」

「チップも高いよね」

「高いかもね。だけど、もしサービスに納得したら払ってあげてくれ。その相手は俺たちの友だちかもしれない」

「情けは人のためならず」とはよく言ったものだ。さすがに、そのことを説明する語彙力もない。俺は「貴重な時間をありがとう」と言って、店内に戻った。ちょうどバーガーを包んでくれていた。ドリンク込みで12ドルほどだった。安いと思った。

袋を手渡される時に「チップは？」と聞いてみると、カウンターの端っこを指さした。そこに置かれていたのはチップボックス。

「別にいいよ」

ちょっとだけ苦笑いして送り出してくれた。店の外に出ると、もう誰もいなかった。俺が見ていたのは店の外側だけだった。そこに働く人は移民だったり、賃金をもらって生きる労働者なのだ。彼らのサービスに満足したり、不満がなかったらチップを払う。それだけのことだ。別に払いたくないわけじゃない。ただ、納得できなかっただけだ。今でもちょっと引っ掛かることはあるが、お金は巡るし、優しさも巡ってくれる街になってくれたなら少しだけ嬉しいと思った。

36 中国人店主がいれる不味いコーヒー

何度目かの訪米になると、何もしたくなくて、ただ一日中、読書したり、パソコンに向かったりしていた。無駄な時間を過ごしている自覚はあった。言い訳をすると、宿にしていたタウンハウスはブルックリンの端っこ。ダンボやプロスペクトパークが遠くに見えるぐらいの場所で、そこの屋上に出ると遮蔽物もないので太陽の光を浴びることができる。それだけで外出した気分になって、次のアクションに踏み出せないのだ。

テレビ出演の効果もあってか、この数年、東京では多忙といっても差し支えのない生活になっていた。取材や原稿の執筆だけでも大変だったが、もっとも俺を苦しめたのは人間関係のしがらみだった。たいして仲良くもない編集者からの督促にも似た原稿の催促には辟易したし、付き合いで飲む酒も美味しくない。ましてや自称友だちからのよくわからない妬みにはうんざりだった。

何をするでもなく過ごす時間が贅沢で……ということではまったくなく、ただの出不精。なんもやる気がしなくなるバイオリズムに入っていたのだ。でも不思議なもので、なんもやりたくないのに、それでも腹は減るのだ。

不意に不味いコーヒーが飲みたくなった。美味いものが正しいという思想は俺にはない。ポケットに10ドルと小銭入れだけを突っ込んだ。

タウンハウスの1フロアには2部屋ある。3階の住人は日系人らしい。しばらく滞在しているが顔を合わせたことはない。癖のある鍵をしめるのに少し時間がかかる。少しだけ手前に強く引き出さないとロックしないのだ。家主である友人の説明によると、一瞬だけエアビーをやって泊めた相手が鍵を挿しっぱなしで遠慮なく動かしたのが原因とのことだった。

1階まで降りて正面の扉を開ける。建物の入り口にも鍵があるのは、タウンハウスというよりもアメリカ

の特徴ではないだろうか。

宿の数軒隣にある中国人店主がやっているパン屋に入った。ここのコーヒーは不味い。味が薄いのではなく、どこかお茶っぽいのだ。妙な混ぜものがしてあるような気がする。

「コーヒーを飲むなら斜め向かいのデリまで行ったほうがいい」

友だちからそう言われていたが、いいつけを守らずに不味いコーヒーを飲んでいた。クロワッサンにハムエッグを挟んだサンドイッチが売っている。これもすごく美味しいわけじゃないが、癖になる。店主のことを中国人と言ったが、正確には中国系アメリカ人。中国にルーツのある人が、自分の思うアメリカンスタイルを提供する。それが特別に美味しくない。でも癖になるのだ。

アメリカの味ってそんなものだと思う。そんな味を求めていた。もしかしたら、店主はそんな狙いがあって、わざと不味く作っているのかもしれない。コーヒーを注文するときに毎回「ウィズアウト・シュガー&ミルク」と伝える。いいかげん覚えて欲しいなと思いながら、どうしようもなく甘いコーヒーを流し込むのだった。

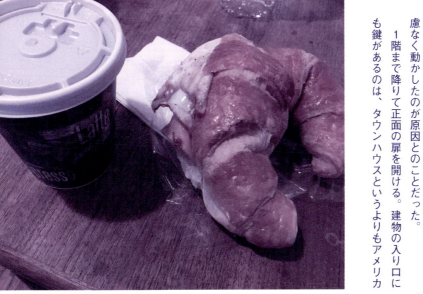

アメリカの味は人々のバックボーンと連動するというと綺麗にまとまるのだが、それだけでは面白くない。そんなときに不意に思いついたのが「アメリカの味探訪」だった。

味を探すのはいいが、そもそもアメリカの味ってなんだろうか。移民的な味も捨てがたい。むしろ好きな味である。だが、アメリカに、特にニューヨークに来たのだから味わっておきたいものが何種類かある。別におすすめするほど美味しいわけでもないので、あくまで個人的な嗜好としてお伝えしておきたい。

伝統の味再発見的なムーブメント

ベンダーのホットドッグと1ドルピザ

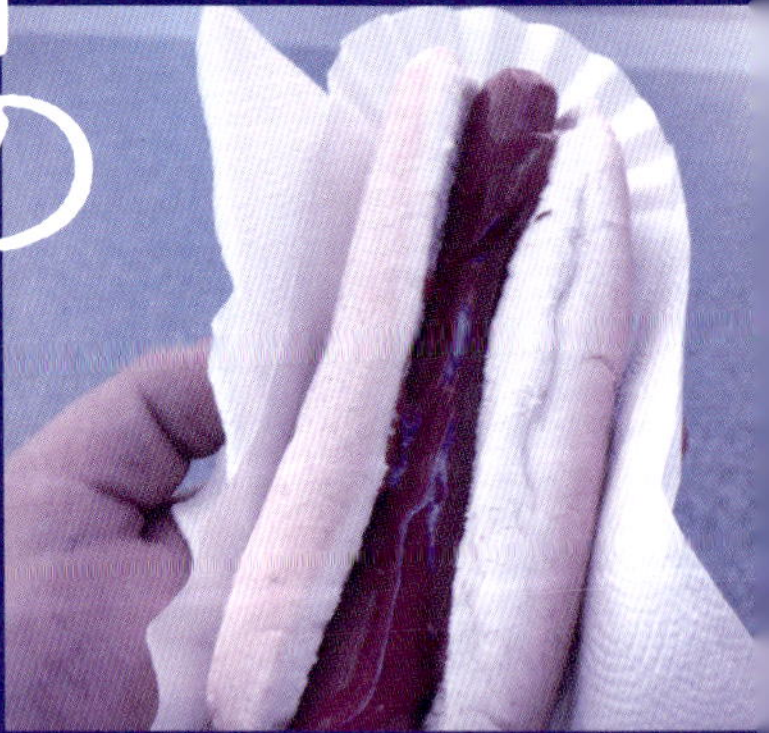

37

はどこにでもある。常連にしてみれば古いけどいつも行っている店で、そこに「逆に新鮮」という感じで人が集まられても困る。老舗というのはチェーン展開よりも、常連客を相手に守りの商いをしているところが多いからだ。

俺にとってアメリカの「ベンダー（屋台）」はそんなところだった。通りにちょこんとあって、街に溶け込んでいる。通りの色に合わせている感じがする。

そこに新規参入して革新を起こす勢力もいる。ニューヨークの「ベスト・フード・ベンダー」での入賞を狙った向上心のある連中である。メキシカンやアジアン、創作料理などレストランで営業しても通用しそうなハイクラスのメシを提供してくれる。しかもお得なプライス、かつチップはない。最高といえば最高である。だが、意識が高い。そういうのは本当のニューヨーカーが味わえばいいのだ。

大阪に行けばソースベッタリのたこ焼きが食いたい。そういった感覚で、アメリカに来たらどうしても味わっておきたい品がある。日本にも上陸して話題になったシェイク・シャックのハンバーガーではないし、ウルフギャングのステーキでもない。もちろん、オシャレでインスタ映えを気取れるカップケーキなんかではない。

俺のオススメは、ホットドッグとピザである。アメリカを代表する食べ物だけど、決して美味しいわけじゃない。ただ、アメリカに行ったら一度はベタな感じで食べたい。特にタイムズ・スクエアあたりでホットドッグを買い食いしてみたかった。

アメリカグルメの食べ歩きをするべく実際にベンダーを探すと、ホットドッグを提供する店は多かった。ほかにもアイスクリームやプレッチェルを販売しているところもあるが、ピザについてはベンダーではなく路面店で「99セント」表示が出ている店のほうが多く、店頭に並べられている分、選択しやすい。

ホットドッグを実食してみると、はっきりいって美味しくない。微妙にではなく絶妙に不味いのだ。ボソボソのパンに安物のソーセージ。ケチャップとマスタードでもあればいいが、大抵はそのまま渡される。コーラで流し込んで胃袋が膨れる。なんのために食っているのかという疑問が浮かぶ。

路面店のピザのことを、俺や親しい人の間では「1ドルピザ」と呼んでいるが、あれは食事とは呼べない。トッピングはカロリーである。生きるためにカロリーを摂取する感覚。それでも、思いっきり頬張ってコーラかビールで流し込むとアメリカの味って思えるから不思議である。

ただし、これは最初の1本と1枚にだけかけられた魔法である。次からはただの美味しくないだけの食べ物になる。魔法の解けた人たちは、二度と口にしない。もちろん、俺もすでに魔法は解けている。それでも、街なかでベンダーのホットドッグや1ドルピザを見かけると無性に懐かしさがこみ上げてくる。無駄な食事だとわかっていても、「ひとつくれよ」と声をかけてしまうのだ。

スーパーマーケットで庶民の味を知る

38

海外滞在中に外食にばかり頼るのは軟弱である。
嘘です。そんなことはありません。むしろ普通です。でも、せっかくだから普通じゃないことをやりたくなったときにどうするのか。単にスーパーマーケットですぐに食べられるものを買ってこようという提案である。

ニューヨークでの外食は高くつく。数日の滞在でも、想定金額をはるかにオーバーするのは珍しくない。少なくとも俺の食費は相当にオーバーしてしまう。そこで最近ではスーパーマーケットに行くことが多い。翌日の朝ごはんや、軽く済ませたいときの晩飯を買う。

ホールフーズやトレーダージョーズなど全米チェーンはどこに行ってもあるので、安心して入れる店のひとつだ。国が変わっても、人種が違っても、庶民の生活を支えるスーパーマーケットに大差はない。ホールフーズのデリはビュッフェスタイルなので、ボックスに詰めて、最後にレジで重さを測って会計。それすら面倒なら最初からパッケージされているものもある。至って簡単だ。そもそも大雑把な国民性のアメリカで、複雑なシステムが庶民に浸透するはずがない。

だが、時々スーパーで大問題が起きる。

「このクーポン使いたいんだけど」
「この商品には使えませんよ」
「じゃあ、待ってるから使えるやつ持ってきてよ、ココに!」

こんなやり取りの挙げ句、しばらくレジが動かずに大行列。アメリカ人の性格的には文句を言いそうなものだが、意外と行列なれしているようで、きちんと待っている。

数分後、ようやく会計がはじまって、さらにふたりぐらい終わったところで俺がペットボトルの水1本をレジ横に置いた。

「え!?」

明らかに「これだけのために並んでたの?」感を出してくる店員。その瞳には同情の心が宿っているようだった。しかし、声に出して笑うでもなく、これだから東洋人は、と嘲る様子もない。

俺は俺の欲しいものだけを買いにきて、いま、レジで会計をしている。そこのどこに笑われることがあろうか。ニューヨークでは権利の行使をするときは堂々としていればいいのだ。それだけでいい。

39

ドラッグより美味いポークチョップ丼

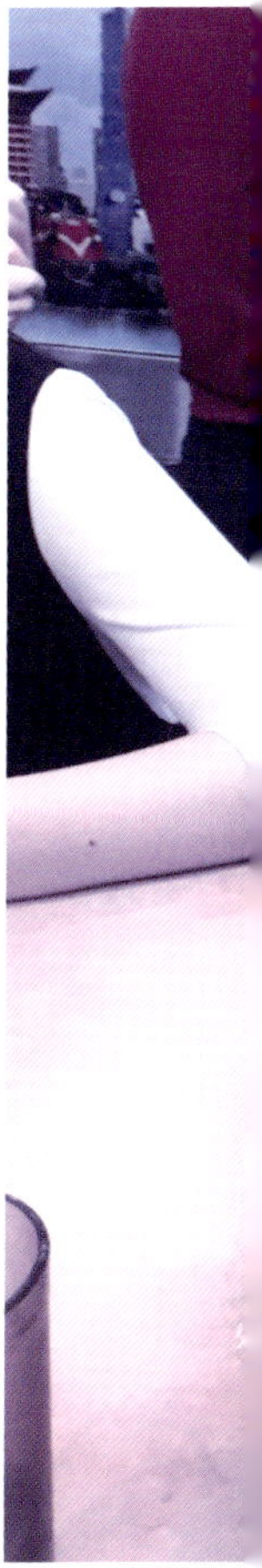

オガミノが米を食べた。

ニューヨーク市立大学大学院でジャーナリズムを学ぶオガミノと再会したのは、彼が日本を出発して2か月後くらいのこと。あまりに痩せ過ぎた体つきをみて、「お前、飯食ってるのか?」と思わず突っ込んだ。

「食ってますよ、ピザとか」

「1ドルのやつだろ?」

「はい」

栄養的にはお話にならない。だが、あれはハイカロリーなはず。痩せているというのが解せない。

「本当に食ってる?」

「いや〜、ニューヨークでは食わないっていう選択肢もあるんですよ」

もともと食にこだわりのあるやつではなかったが、ここにきて別の意味で才能が開花したようだった。さすがに心配になったので、俺がニューヨークに行くたびに食べる台湾料理屋に連れて行くことにした。注文したのはポークチョップ丼。サンドイッチやピザばかりの食事に飽きたときには、ここで食べることにしている。

運ばれてきた丼を見たオガミノが、「ひぇ」と妙な声を出したかと思うと、丼を掴んで一気に米と肉を口に運んだ。

「あああ……」

また妙な声を発しながら、なにかを言おうとしていたが、すぐにやめて一心不乱に食べ続けた。ものの5分で丼は空になった。

「米って美味い。脂と米の絡み合いがこんなにヤバイなんて。ドラッグなんて目じゃないです! こんなにぶっ飛んだもの……あ〜美味かった」

「表現がおかしいから」

「いいんです。だって、もうこんなの知ってしまったら1ドルピザなんて食えないですよ」

「君もこっち来たときは普通に食べてたでしょ」

「そうなんですが……あと半月遅かったら、俺、この場で泣いてたと思います」

大げさな。そう思ったが、血色の良くなったオガミノの顔を見ると、まんざら嘘でもないのかもしれない。

朝からカッツ・デリカテッセン

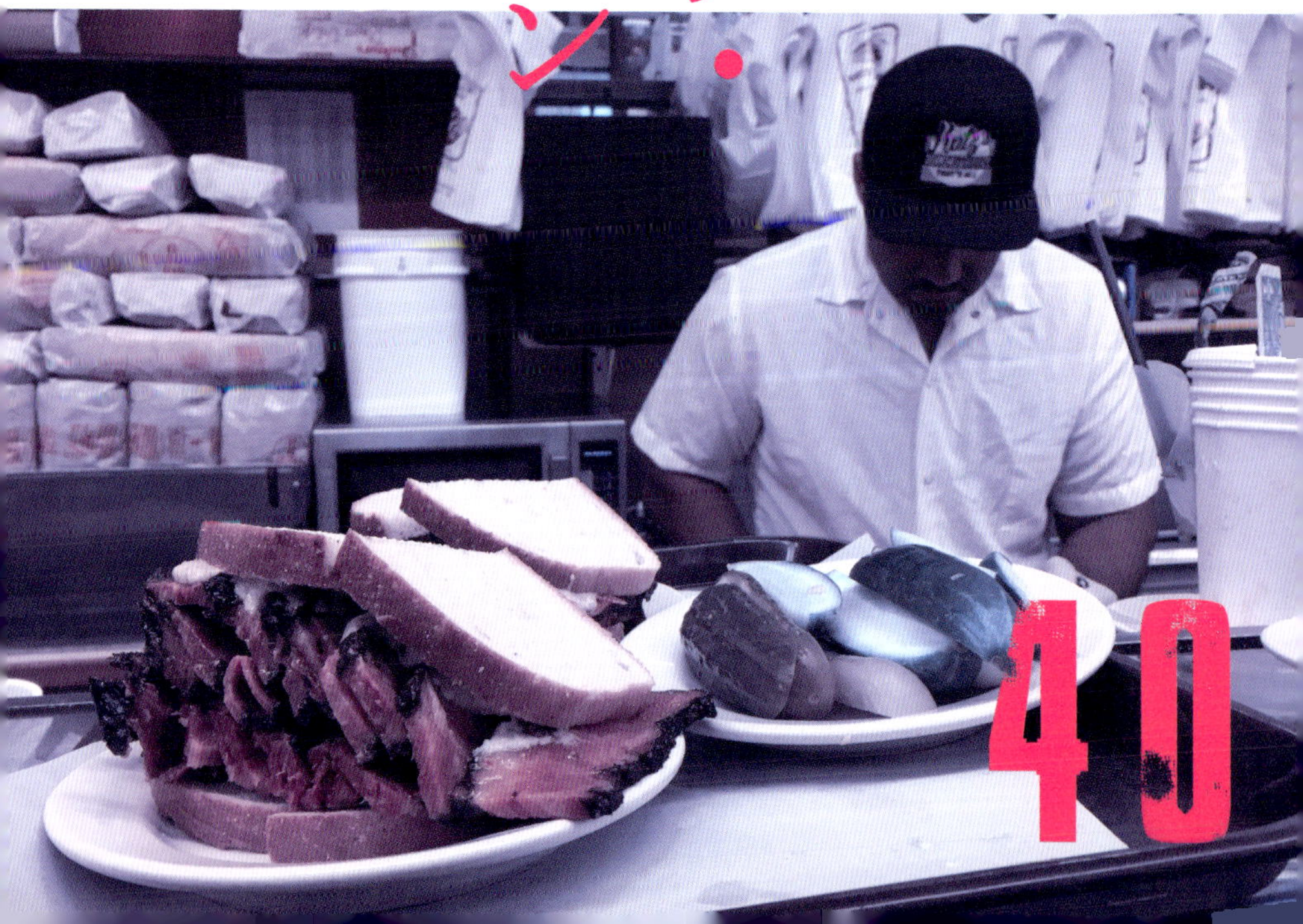

40

サンドイッチはニューヨークのいたるところで食べることができる。しかし、肉っぽいサンドイッチを食べたいならカッツが一番だ。

イーストビレッジにある名店カッツ・デリカテッセンは、早朝から混んでいた。取材の合間に立ち寄ったのだが、無駄に広いアメリカンダイナーのような店内にぶら下がる肉の群れに圧倒された。

カウンター越しに店員から渡されるサンドイッチを待っていると、もはやおまけでしかない申し訳程度のパンと、そこに限界以上に挟まった燻製肉のパストラミサンドが出てきた。

朝は空腹である。前日の食事が完全に消化しているからだ。問答無用でかぶりつく。口の中にコショウのスパイシーさと肉の脂がひろがる。少しだけ漂う血の香りも風味としてぴったりだ。歯ごたえはステーキよりも肉肉しい。3口食べたところで、付け合せのピクルスに手を伸ばす。一本漬けでなかなかの迫力だ。こういうのはだいたい大味なものだが、食べてみると繊細な酸味がする。肉の脂を中和してくれるので、再びパストラミサンドをほおばることができた。

このサンドイッチを食べるために、またここに来たい。

労働者の味、キューバサンド

41

どうしても食べてみたいサンドイッチがあった。それがキューバサンドである。ローストされた豚肉をベーコンとチーズでサンドして、それをガーリックオイルをたっぷり染み込ませたパンでプレスする。どれほどのカロリーになるのか想像もできない。

存在を知ったのは日本で観た映画『シェフ　三ツ星フードトラックはじめました』がきっかけである。元

有名シェフがトラブルからフードトラックで再起をはかる。道中、息子と一緒に旅することで親子関係を再生していくストーリーである。俺からすると食だし、旅だし、最高な映画だ。このフードトラックで扱っていたのが、キューバサンドだったのだ。

食いたいと思ったが、キューバに行く予定はない。だが、ニューヨークにはキューバ移民が多いので、きっとあるはずだ。探しみると何件かヒットした。そのなかで評判のいい2軒に言ってみることにした。

特に気に入ったのは、タイムズ・スクエアに近いMという店。ここにはマンハッタンで働くキューバ人た

ちが集まってくる。昼時ともなると、作業着で大量のランチを買い込む男たちで混み合う。そんな連中と一緒に行列に並んでいると、奥のほうでキューバサンドをプレスしているのが見えた。

「サンドイッチだけでいいならすぐに出せるけど」

店員のオバちゃんが話しかけてきた。よほど物欲しそうに見えたのだろう。行列から外れてレジ前で待っていると大きな包が運ばれてきた。金を払って受け取る。入り口に近い席が空いていたので、すぐに座った。

包を開けると、これ以上ないほどの肉と脂の匂いが鼻腔をこする。もう待てない。ひとくち、もうひとくちと、かぶりつき続けた。一度、手持ちのコーラを飲んだ。後半戦も一気に畳み掛ける。ものの5分で完食してしまった。

その様子に店員もちょっと引き気味だったが、「美味かった。また来るね」と言うと、サムズアップで見送ってくれた。店を出ると、そこは摩天楼のど真ん中。この街を支える人たちのエネルギーになっている高カロリーサンドイッチを完食したことは、おおいなる満足を俺にもたらしてくれた。

42 トランプタワー 下から見るか

THE
8AM
TRUM

2016年11月、アメリカは揺れていた。同月8日に全米で過半数の選挙人を獲得して、ドナルド・トランプが第45代大統領に就任することが確実となったからだ。ニューヨークでは、トランプ大統領の誕生を誰もが罵しっていた。そんななかでも不思議なテンションで現状を斜めに見ている男がいた。

「この上にトランプのビルが建ってるんだぜ。俺はニューヨークでも最高の場所に暮らしているってことさ」

取材で知り合った地下住人のミゲルは得意げだった。自分の住んでいる場所がいかに特別なのか、そのことを誇らしく表現したかったのだろう。だが、好意的な皮肉を聞いたのはそれぐらいだった。とにかく誰もが嫌う大統領。「支持層なんてどこにいるんだ？」というのがニューヨークでよく耳にしたトランプ評だろうか。実際には全米各地に根強くいるのだが。

その絶望感は、暮らしている人たちのほうが実感として強いだろう。トランプタワーの警備を担っていたシークレットサービスやNYPDにもあらわれていた。

当選当初、警備体制が整っていないことから、ビルの入口を警備していたのはシークレットサービス、ビルの周辺を封鎖していたのがNYPDだったのだ。就任前とはいえ、次期大統領の自宅である。本来であればアメリカでも有数の警備体制で臨むべき状況である。それなのに入り口の所持品検査はザルだった。爆弾だって持ち込めるんじゃないかと逆に危惧した。

本来であれば警察や警備に声をかけても絶対に対応してくれないが、この緩い雰囲気ならいけるんじゃないかと思い、NYPDに話しかけた。さすがにシークレットサービスには、質問も聞かずに「NO」と言われてしまった。市警ぐらいならいけるんじゃないかと思ったが、別に舐めていたわけではない。

「こんな警備体制でいいんですか？」

話しかけても対応はなし。ただ、突き放すというよりは困った顔を浮かべていた。

「その質問には答えられない。これは仕事なんだ。それで察してくれないか」

この状況で、このひとことが引き出せただけで十分であった。警察としてはやらなければならないのだが、ひとりの市民としては本意ではない。そう表明してくれたのだ。彼らもニューヨークの一員としての自覚があるということなのだろう。

ちなみにトランプタワーは建物自体が古く、外観ほど立派という感じはしなかった。ただ、トイレは使えるので、緊急避難先として便利である。

反トランプを掲げる男性。「意味は?」と聞くと「クソ」と返された。

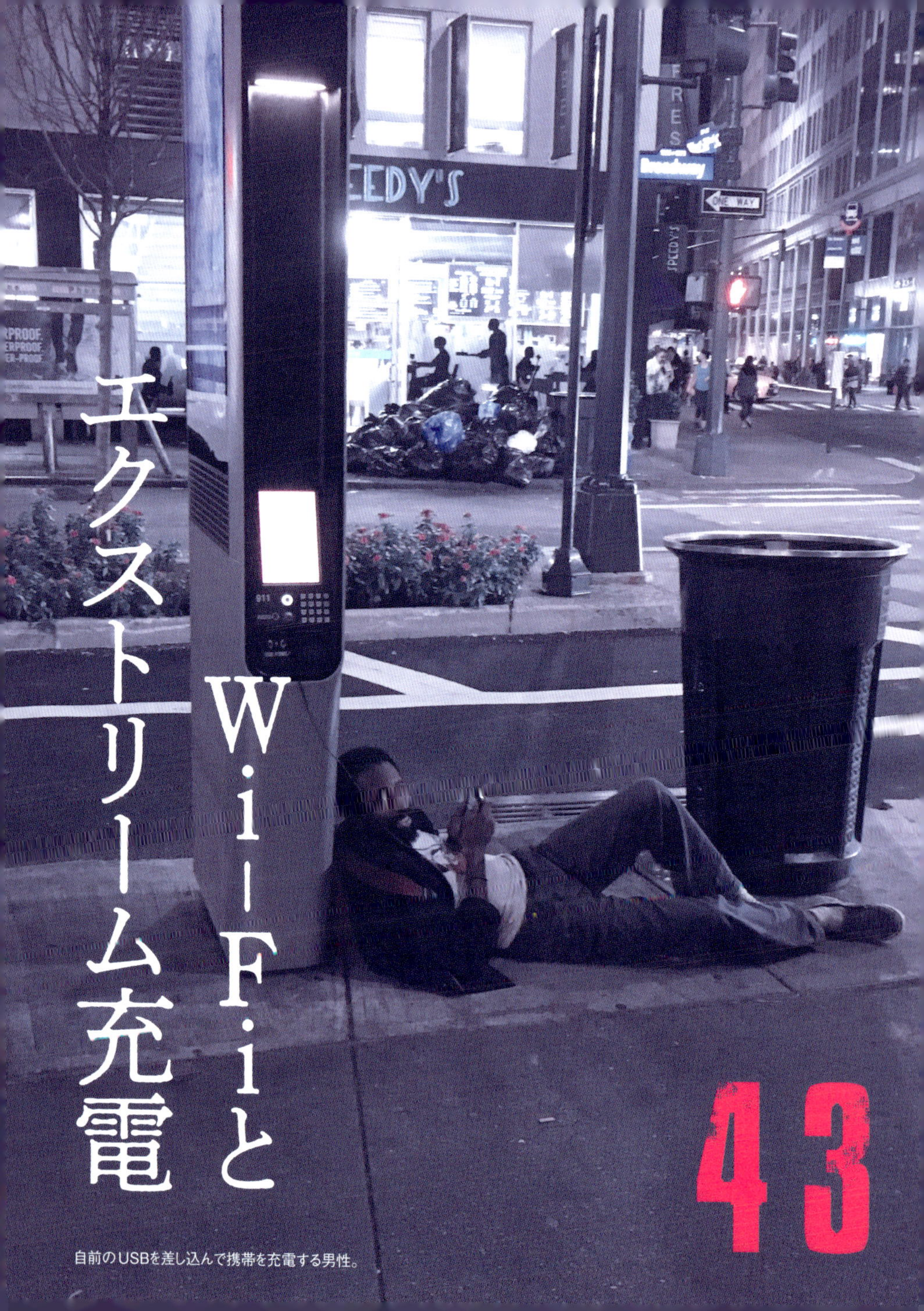

43

Wi-Fiとエクストリーム充電

自前のUSBを差し込んで携帯を充電する男性。

「充電がない！」となって右往左往する。海外旅行中のスマホあるあるかもしれないが、アメリカではそれほど困らない。まず、カフェであろうと、デリであろうと、リストランテだって充電（チャージ）を頼むことができるからだ。

「Can you charge this?」

正しいかどうかは知らないが（実際に通じているから問題はないと思うが）、スマホを指し示しながらひとこと言うだけで、カフェ店員は「ＯＫ」と気さくに応じてくれる。一方、羽田空港の喫茶店でコンセントがあったので、充電していると「お客様、当店では充電をご遠慮いただいております」とのこと。わかる。わかりますよ。でもさ、これまで世界中の空港やそのテナントで充電を断られたことはなかった。それなのに日本でこれとは……当然、決まりだって言われたらそれまでだが、どうにも釈然としない。まあ、お店のほうにも都合があるだろうから、一方的に非難するべきじゃない。自分のなかでモヤモヤさせておこう。

さて本題。ニューヨークでは、スマホを充電する場所が充実しているのだ。さきほども触れたようにカフェはもちろん、ほかの飲食店やデリなんかでも対応してくれる。そこには「常連力」のようなものも介在するのかもしれないが、少なくとも俺は困った記憶はない。だが、極めつけの充電場所がある。

写真を見てもらいたい。路上に横たわる男。その背もたれには公衆電話のような謎の設備。実はこれ、公衆充電器なのだ。最初にこれを見たとき、確実に違法な改造によって盗電していると思った。しかし、この場所はマンハッタンのど真ん中７番街。タイムズ・スクエアを抜けた先である。このような設備があることは驚きに値するが、むしろチャージしている人たちの体位のほうがすごい。路上に横たわるがまわりは気にしないところなど、さすに自由の国といったところか。

以前、日本では早朝に山登りとか観光とかアクティビティをこなしてから出社するエクストリーム出社なるものがブームになった。そこになぞらえて「エクストリーム充電」と呼ぶことにした。充電さえできればスタイルは問わない。いかにもアメリカ的だろう。

44 チップ

アメリカ文化が好きである。しかし、苦手な文化や習慣もいくつかある。それがチップである。英語っぽく発音すると「ティップ」となるようだが、いまさら言い直す気にもならない。アメリカに負けた気がするからだ。

もちろん支払うことの意味はわかる。相手のサービスに対して対価を払う。15～20％のチップを置くことがアメリカでは常識になっている。「サービス＝気持ち」の国で育った俺にとっては心底納得できないが、異国の習慣に文句をつけてもはじまらない。そのため、はじめてアメリカに行ったときは、なるべくチップの発生しない店を選んで食事をしていたほどだ。具体的にはベンダー、デリ、ファストフード……。払いたくないなら、払わずに済む店に行けばいいだけである。

強気だった俺だが、結局、アメリカに負けた。チップを必要とする店に行くようになったのだ。別にベンダーが嫌になったわけではない。ただ、ニューヨークを味わう機会を自ら減らしているように思ったからだ。チップを支払う相手は飲食店の店員だし、ホテルのボーイ、タクシーの運転手といった現在のアメリカでは移民たちが多く就く業種である。彼らの仕事は目立つものではない。むしろ、華やかなニューヨークの下支えである。

都市の下支え。それは、20代の自分が通った道である。ビルの解体現場での軽作業、床貼り、銀座のデパートで催事場の設営と撤去をしたり、新宿の風俗ビルでオーナーの話し相手になるという謎のバイトもした。そうやって必死になって生きていた時期があった。あの頃、誰かに「頑張っているね」と言われたかった。できれば、形に残るもの、現金でもらえたら、その感謝は一生残っただろう。

そんな過去があるからこそ、「特別な配慮に対する感謝のしるし」としての意味合いで、彼らへの対価を払う仕組みだと納得すればいい。それは、かつての自分に払っているような気持ちにもなれる。その生活の糧に投資することは、悪い気はしない。確実な投資なんてないのだから、別に無駄に終わったっていいじゃないか。それは、この街に、成長ではなく、勝負しにきている人たちへの最低限の敬意のような気がしている。

幅10センチの駐車場

45

ボコボコのバンパーはニューヨークらしさの象徴。

マンハッタンには駐車場がほとんどない。あるにはあるが、個人の敷地か高級レジデンスの地下にあるくらいである。日本にあるようなコインパーキングは皆無で、路上のパーキングメーターぐらいだろう。そこに駐車できない人たちはどうしているかといえば、路上駐車である。

アメリカ全般に言えることだが、駐車場がなくても車が買えるのだ。車庫証明とかは必要ないらしい（州によって違ったりするので断言はしないが）。そのため駐車場を持たないカーオーナーは一般的。路駐するのも必然というわけだ。

もちろん駐禁は切られるし、停めちゃいけない場所もある。代表的なのは消火栓である。今さら説明するまでもないが、火事が起きたときに邪魔だから。

ただ、いざ運転する側になってみると困った問題が起きる。他州でのことだが、レンタカーで長距離ドライブをしたことがある。西海岸のだだっぴろい道をただひたすら走り続けた。街はどこもスペースに余裕があって、路駐に苦労した覚えはない。

「丸山くん、ニューヨーク行ったら、絶対に無理だよ」

そのときに一緒に車に乗っていた友人から、いきなり失礼なことを言われた。

（何言ってんだ、このアマ!?）

実際にはもっと汚い言葉が浮かんだ。男はセックスと運転に文句をつけられると無条件で凹むかキレる生き物なのだ。男性諸君は同意してくれることだろう。

理性的な俺は、気持ちを切り替えて聞いた。

「何がダメだっていうんだよ？　昨日の夜のことでも気にしてんの？」

「はあ？　なんのことかわかんないし。私はただ、君の運転がヘタクソだって」

「ヘタクソっていうな！　傷つくだろ！」

「何言ってんの、わけわかんない」

そんなやりとりの根本に何があったのかは置いておくとして、結局彼女が言いたかったのは、ニューヨークで縦列駐車をするには、俺の運転技術では難しいということだ。

「あそこに住んでいる人たちって、車と車の間5センチで駐車するんだって。そんな隙間に入れるなんて恐ろしくてできないわ」

彼女の杞憂だと思っていたが、実際に訪れてみれば、5センチは大げさだが、10センチ程度の隙間での縦列駐車は珍しくない。

駐車する様子にはさらに驚かされた。Kさんという知り合いが住んでいる。彼の車で移動した。目的地に着くと、何のためらいもなく、1、2回切り替えしただけで、きちんと縦列駐車に成功していた。軽く俺と話をしながら。

「すごくないですか？」

車を降りて、20センチに満たない隙間を指さした。

「慣れでしょ。でも、他の州から来たヤツには無理かもね。前にLAから来たやつが縦列できなくて帰ったなんて冗談みたいな話を聞いたことがあるよ」

LAどころか日本から来た俺には、これだけでも十分にすごかったのだが、予想の斜め上をいったのは出庫の際だった。

エンジンをかけて、ギアをRへいれたKさんが、そのままアクセルを踏み込んだ。

「ゴツ」っという独特の衝撃が車内に響く。さらに「ゴツ」っと衝撃が響いた。今度はフロントだ。

「いいんですか？」

「何が？」

「思いっきり当ててますよね」

「だって、当てないと出られないじゃん」

「そうですけど……」

「何を言っているの？」と言わんばかりのKさん。さすがにアメリカ育ち、動じるところはないようだ。これがニューヨークの作法なのかと思って納得するしかない。

「こうやって少しぐらい当てても、ニューヨークに住んでる人なら別になんとも思わないよ。それにどうしても嫌ならエプロンつければいいんだし」

「エプロンって？」

「フロントバンパーとか、リアにゴムっぽいカバーをつけるんだ。そうすれば傷がつかない」

「Kさんはつけないの？」

「あんなの、いろいろダサいじゃん」

かっこよさにこだわっているというよりも、面倒だからっていう感じがした。

この街で車を持つということは、小さな事故が前提になるのだろう。理屈ではわかるが、歌舞伎町でベンツにでもぶつけたら命がないんじゃないかと思うぐらいに交通事故に対してビビっている日本人なので、やはりこの街では運転できないなと思った。

ちなみに、歌舞伎町でヤクザのベンツに実際にぶつけた知人の話によれば、命ではなく、純粋に金のやり取りになるそうだ。

NEWS
NEWS

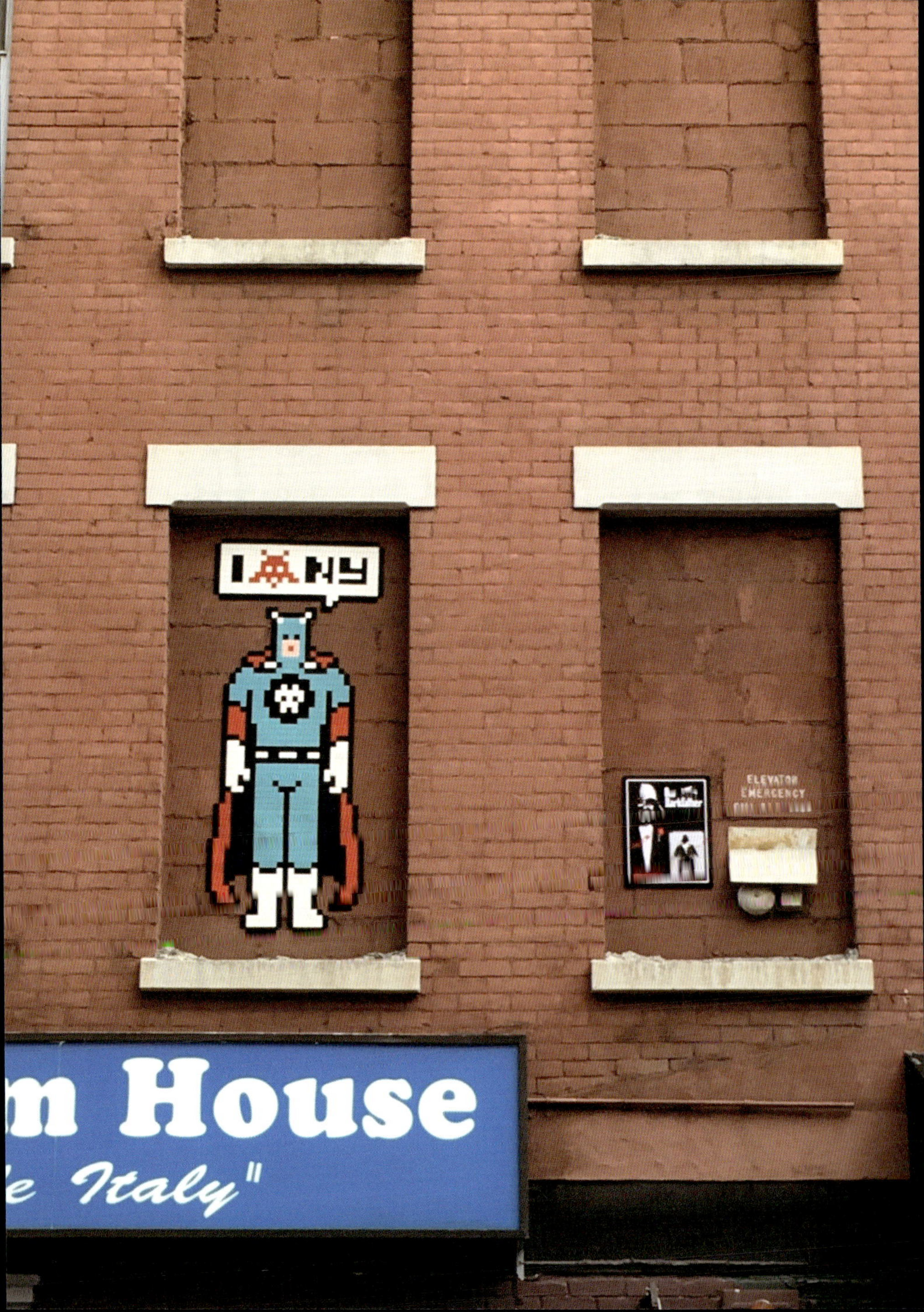
I NY
ELEVATOR
EMERGENCY
m House
e Italy"

Yaffa Cafe
KINGS COURT
REAL ESTATE MANAGEMENT, INC
APARTMENT RENTALS
388-0036

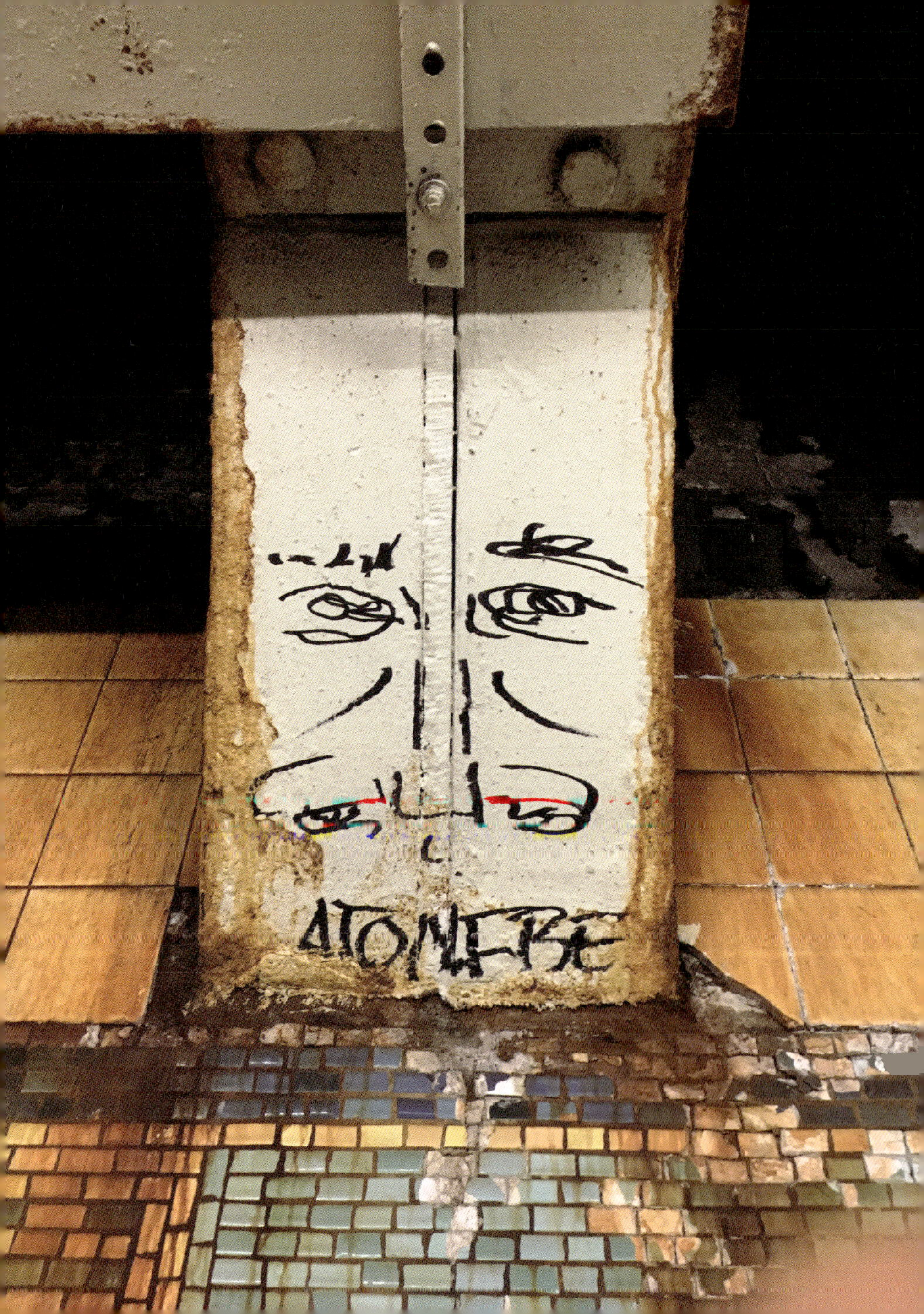

GRAN MAR DE PLATA
3175 FULTON STREET • BROOKLYN, NEW YORK 11208
SABADO 26 DE AGOSTO
FM DE ZACAPA
LA ORIGINAL - GUATEMALA
GRAN MAR DE PLATA
3175 FULTON STREET • BROOKLYN, NEW YORK 11208
SABADO 2 DE SEPTIEMBRE
LOS RABANES
180 ARENA
VIERNES 15 SEPT.
EL GRUPO
CARIÑO
GRANDE DE MATAMOROS
AGAVE
MEDITATIVE WRITING
WANT TO LEARN THE
SATURDAY AUGUST 26TH
MUSIC BY
DJ TOMATE
CAPITAL P
SABADO
16
SEPTIEMBRE
ANTHONY RIOS
EL ROMANTICO EN CONCIERTO
$30 POR ADELANTADO
MAR DE PLATA
FULTON ESQ. LOGAN ST. BROOKLYN NY 11208
INFO & RSVP: 718.827.1717 • 718.674.2048

LOVE AND BE LOVED
BLACK
TOWN
SPIDERMAN
MYTH
GDS
DECADES
#1624NYC
@ROOFTOPSNYC
HEK
TAD

D7606
Boyfri
$1400/M
or Ren
Hello
MASTER
OF
Fire

STRAYEMUSIC.COM

4 Sale

CRIF DOGS

STRAYEMUSIC.COM

COST
COST
AVERT
10K
DJ PUMPKIN
YOU

#WEAREHERE
WE ARE
#WEAREHERE
WE ARE
#WEAREHERE

OPEN

1.99
1.99
WEL·PAC
SUSHI
GINGER
GARI
NET 11.5 FL. OZ. (340 ml)

EAST VILLAGE BOOKS
Help Support this bookstore. Stop here first when you have books to sell.
Let us know about Estate Libraries, Review copies, Music & Videos - all formats
EAST VILLAGE
BOOKS
212-477-8647

LINCOLN STATION
WHO'S YETI TO PARTY?!
Double
HOLLISTE
RADIO
CITY
Music Hall RADIO CITY
AN-MICHEL JARRE MAY 20 HANS ZIMMER JULY 25-26
HEATTECH
$14.90
COLOSSAL

お土産はミュージアムショップで

46

漫画『ギャラリーフェイク』でメトロポリタン美術館の売店でカバを買うシーンが描かれていた。それが気になっていたわけではないが……いや、実はものすごく気になっていた。というのも、俺は世界のあちこちを旅しているが、土産物屋とかにはあまり興味を持てなかった。誰かに土産を買っていくとしたら、地元のスーパーに行ってバラマキ土産を購入するくらいだ。

ちなみに日本人はお土産＝ギフトという認識が強いように思う。そのため、「ギフトショップを探しています」という言い回しを使うように思うのだが、旅行中に「ギフトショップ」と言っても通じない。ギフトのニュアンスとしては、上から下の人への贈り物だったり、かしこまった贈答品的な感じがあるからだ。言葉の意味がわかったとて意味はないかもしれないが、いわゆるお土産という意味だと、正しくは「スーベニア」である。聞き慣れないかもしれないが、基本的な用語なので、覚えておくと便利だ。

さて、スーベニアショップでもご当地ものを買えるが、プレミア感があるのは、美術館や博物館、役所、書店などのオリジナルのアイテムだと思っている。そこでしか買えないうえに、その施設のオリジナルだったりすると、さらに希少価値が増すからだ。

そんな考えをもっている俺が選ぶニューヨークのお土産。実はこれといって絞りきれていない。自分の選別眼に自信がないということもある。むしろ、自信をもって選べない。だって考えても見てもらいたい。帰国後に品評会されて、「ないよね〜」などと酷評されでもしたら、きっと立ち直れないだろう。おしゃれで素敵でセンスが良いものを選ぶなんて拷問のようだ。だから、適当なバラマキ土産を地元のスーパーで買っておけばいいのだ。

さて、自虐はこの辺にして、自分へのお土産について少し語ろうと思う。正直、自分のものなんて楽なものだ。誰からも何も言われないのだから。反面、自分のこだわりをどこでまとめるのかが鍵になってくる。そこで俺の場合には、ミュージアムショップや売店を選択するようになったというわけなのだ。

これまでに買ったものでいえば、メトロポリタンと国連本部でTシャツ。国連ではカードホルダーも買った。あとは、キヨスクで売っている折りたたみ傘なんかもお気に入りだ。これは5〜6ドルぐらいで売っているのだが、使いやすく日本でも愛用している。柄の部分がフックになっているのが、日本で探しても意外とないのだ。

ニューヨーク・マップ

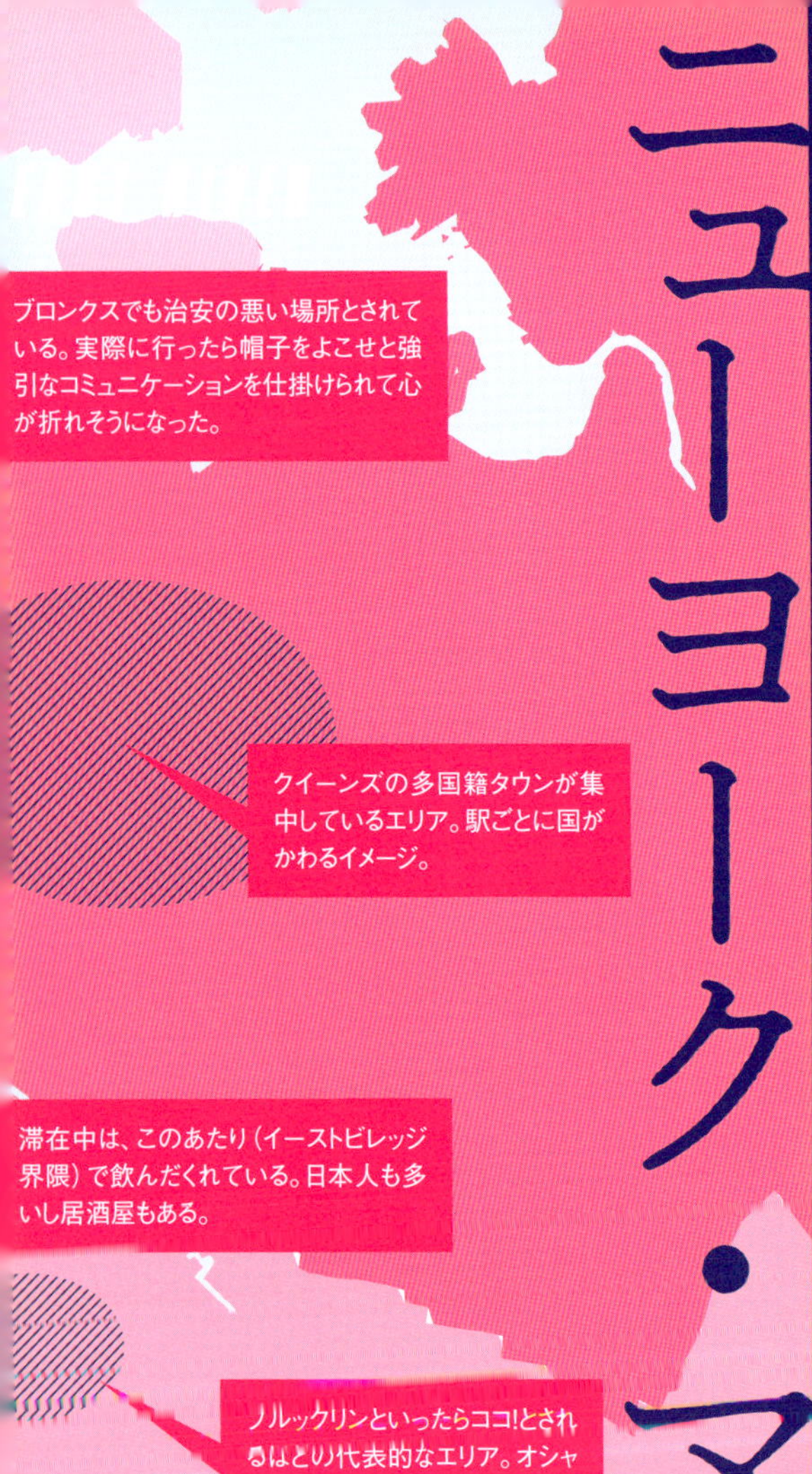

ブロンクスでも治安の悪い場所とされている。実際に行ったら帽子をよこせと強引なコミュニケーションを仕掛けられて心が折れそうになった。
クイーンズの多国籍タウンが集中しているエリア。駅ごとに国がかわるイメージ。
滞在中は、このあたり（イーストビレッジ界隈）で飲んだくれている。日本人も多いし居酒屋もある。
ブルックリンといったらココ!とされるほどの代表的なエリア。オシャレなお店が多数。夜はちょっと寂しげな雰囲気。

リトルイタリーの交差点で「アー・ユー・ゴンザレス?」とアメリカ人男性に声をかけられた時に驚きと喜びと諦めを一緒に感じた。彼からは、「YouTubeで見ている」と言われた。

MANHATTAN

いわゆる「ニューヨーク」が詰まった島である。

> 02, 03, 04

BRONX

黒人の多い街とされている。治安が悪い場所もある。

QUEENS

民族タウンが集中する多国籍エリア。

> 04

BROOKLYN

昨今はおしゃれスポットの代表格。

> 21, 22, 36

1. HAREM
東側のあたりはヒスパニックハーレムと呼ばれており、中南米の移民が多い。

> 11, 31

2. CENTRAL PARK
超でかい公園。街なかのエリアだと思って甘く見ていると痛い目にあう。特にトイレ問題は深刻。

3. UPPER EAST
金持ちエリア

> 46

4. UPPER WEST
金持ちエリア。大学が多い。

> 09, 14

5. RIVERSIDE
細長い公園があるだけ。公園内の飲み屋で仕事帰りに友だちと集まって飲むのがカッコいいらしい。

> 08, 15

6. MIDTOWN
定番から穴場まで。観光客が行きたい場所は、ほぼ揃っている。

> 01, 08, 12, 16, 18, 19, 23, 26, 41, 42, 43

7. EAST VILLAGE
日本食屋が多い。古いニューヨークの雰囲気が残っている。

> 17, 25, 40

8. CHINATOWN & LITTLE ITALY
怪しげな雰囲気と移民の歴史を垣間見れる。チャイナタウンには近年、ベトナム料理屋も急増。

> 10, 30, 35, 39

9. DOWNTOWN
飲み屋やクラブが多く、裏も表も遊びに最適。

> 27, 29, 37

10. LOWER MANHATTAN
一流企業と高級マンションが多い。

> 24

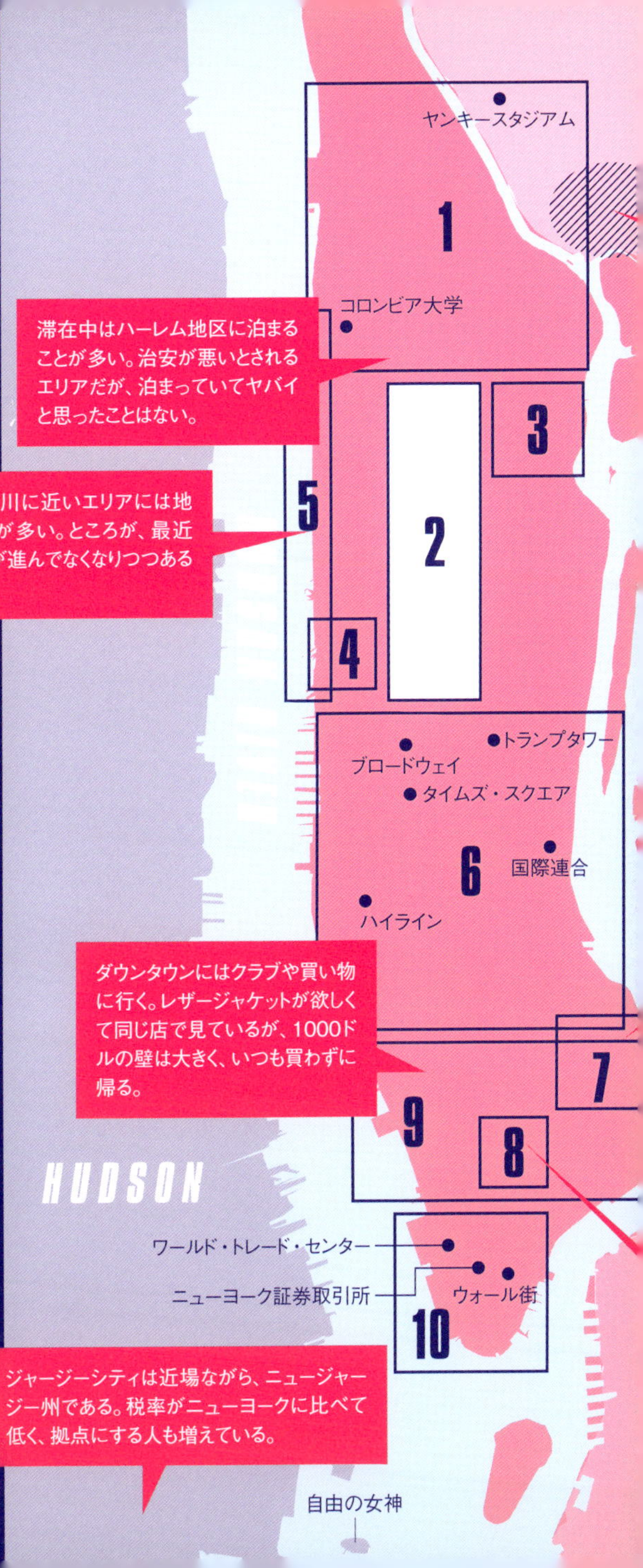

ヤンキースタジアム
1
コロンビア大学
滞在中はハーレム地区に泊まることが多い。治安が悪いとされるエリアだが、泊まっていてヤバイと思ったことはない。
3
5
2
ハドソン川に近いエリアには地下空間が多い。ところが、最近は開発が進んでなくなりつつあるようだ。
4
トランプタワー
ブロードウェイ
タイムズ・スクエア
6
国際連合
ハイライン
ダウンタウンにはクラブや買い物に行く。レザージャケットが欲しくて同じ店で見ているが、1000ドルの壁は大きく、いつも買わずに帰る。
7
9
8
HUDSON
ワールド・トレード・センター
ニューヨーク証券取引所
ウォール街
10
ジャージーシティは近場ながら、ニュージャージー州である。税率がニューヨークに比べて低く、拠点にする人も増えている。
自由の女神

COLUMN

ニューヨークに行きたくなる作品

ニューヨークに行きたくなる作品がある。本編でも紹介した漫画『BECK』は、俺にとっていつでも読みたい作品ではあるが、ニューヨークを思い出して、行きたい気持ちにさせてくれる。そのほかにも、いろんな局面であの街を感じられる作品があるので、いくつか紹介してみたいと思う。

〈行く前に観てほしい〉

映画『ブルックリン』

1950年代のブルックリンを舞台にした少女の物語。旅する気持ちとかつてのブルックリンの風景を感じられる。

映画『LADY BIRD』

ニューヨークの大学へ進学しようとする少女と母親の衝突と成長を描いている。いつかの自分にもあった時間を思い出す。

ミュージカル『RENT』

イーストビレッジに集うクリエイターやアーティストたちのおりなす日々が、いかにも「ニューヨークっぽい」と思わせてくれる。

〈行ってから観てほしい〉

映画『Begin Again はじまりのうた』

街角に音楽、そんなニューヨーク感を実際に見せてくれる。憧れのニューヨークが詰まっている。

ドラマ『ゲットダウン』

1970年代のヒップホップカルチャー黎明期を扱ったNetflixオリジナル作品。

映画『タクシードライバー』

言わずとしれた名作。未見の人は、ニューヨークに行ってから観てみるのもいいだろう。

〈思い出したい時に観てほしい〉

映画『レオン』

冒頭のリトルイタリーの描写が、否応なく思い出させてくれる。もちろんストーリーもいいので、最後まで観よう。

映画『ものすごくうるさくて、ありえないほど近い』

911後のアメリカ、そしてニューヨークがどのように向き合ってきたのか。主人公の目線を通して感じられる。

〈軽い気持ちで観てほしい〉

ドラマ『キャッスル』

主人公とヒロインのアクションの軽妙さや、作中で登場するのが実際のニューヨークなので、「ここはどこかな?」とクイズ感覚で観られる。

ドラマ『マスター・オブ・ゼロ』

ニューヨークに生きる人々とはどんな感じなのか。人間ドラマは勉強になること間違いなし。

ニューヨークを感じる定番スポット

街を歩いているだけでも楽しい気持ちになれるが、どうしても「定番」とされる場所も押さえておきたいのが旅行者の偽らざる心情だろう。そこで、ここだけ押さえたら大丈夫だというスポットをいくつか紹介しておこう。まだ行ったことがない人は、一瞬だけでも覗いてみよう。なぜ定番とされるのか、その理由が見えてくるかもしれない。

タイムズ・スクエア前の広場

……定番というか象徴的な場所。まずはココから!

5番街

……世界の一流ブランドが並ぶメインのアベニュー。

トランプタワー

……トランプ大統領の自宅。下層階はショッピングモールになっているので観光できる。

ロックフェラーセンター

……摩天楼のなかでもっとも有名なビルのひとつ。

エンパイア・ステート・ビル

……言わずとしれたマンハッタンのシンボル。マンハッタンを上から観られる展望台がある。

自由の女神

……上陸しなくてもスタテン島行きの無料フェリーから見れば十分だと思う。

国連本部

……ニュースによく出てくる。ある意味、世界情勢の最前線。地下のお土産物屋はオススメ。

チャイナタウン～リトルイタリー

……歩けばわかる中国とイタリアの混じり合った不思議な地区。ある意味、ニューヨークっぽい。

ハイライン

……廃路線を利用したオシャレな公園。散歩にも最適。

セントラルパーク

……とにかくでかい。トイレの場所に注意。

ワールド・トレード・センター

……911のメモリアルミュージアムがある。一度は行っておこう。

地下鉄

……どこから乗ってもいいが、はじめてホームに降りると感動する。24時間営業。

ニューヨークが叶えてくれる願望スポット

せっかく来たからにはやっておきたいこと、すなわち願望があるものだ。そこで、こんな願望はここで叶えようというスポットをいくつか紹介する。

世界平和を祈りたい

……「ストロベリー・フィールズ」に行こう。オノ・ヨーコ氏によって作られたIMAGINEのモザイクがある。今でも花束やメッセージが絶えない。

「ニューヨークに来ました！」とアピールしたい

……「タイムズ・スクエア」で写真撮影（自撮り）しよう。できれば、行き交う人びとをきちんと入れ込んだ状態のほうがいい。周囲の広告を写し込むとなおよしである。ただし、表情はいたって平静を装ってほしい。

アートを感じたい

……美術館に行くのもいいのだが、名門5つ星の「グラマシーパーク ホテル」のように現在の建物自体がアート空間のようなところに行ってみるのも上質な時間を味わうことができる。

インスタグラムでイイネがほしい

……ニューヨークを感じられる場所よりも、あなたが楽しんだ場所、美味しかった食事、出会った人を記念に残すことに注力してみよう。そのなかから選んだ写真だったら、きっとイイネがつくんじゃないかと思う。もしだめだったとしても、後悔することはないだろう。

ニューヨークを食べる

バーガー

「シェイク・シャック」あたりが食べやすいが、そこそこの飲食店だったら大抵取り扱っている。自分だけの好みを探してみるのもいいだろう。俺はニューヨークに来てもマクドナルドやバーガーキングに行くぐらいなので、あまりこだわっていないが。

サンドイッチ

パストラミのサンドイッチが有名な「カッツ・デリカテッセン」。ボリューム満点なビジュアルは確実に肉を食べている感じがして、満足度はマックスである。キューバサンドの「カフェハバナ」も外せない。ハイカロリーである以外には欠点の見当たらない味とボリューム。

ホットドッグ

ニューヨークといえばホットドッグ。そんなイメージの人は「カーネギーデリ」のような有名店に行くのもいいが、ベンダー（屋台）でチープなものを食べてコーラかコーヒーで流し込むのもいい。主に路上で。きっとアメリカ気分が味わえることだろう。また、「レッドフック・ロブスター・パウンド」のロブスターロールのような変化球もオススメできる。

ピザ

イタリアの名物なのにアメリカのソウルフード感があるピザ。「ロンバルディーズ」はニューヨークの老舗なので一度は行ってみたい。ただ、個人的には街角の99セントのピザ、通称1ドルピザを味わってもらいたい。美味しくないし、すぐに飽きる。でも、アメリカな味である。

ビール

クラフトビールの代名詞「ブルックリン・ブリュワリー」に行くことをオススメしたい。ほかにもいくつか有名なところはあるが、まずはここからはじめてこその聖地巡礼である。

ステーキ

ニューヨークを代表する料理。それもアメリカの料理となるとステーキ以外にないだろう。「ピーター・ルーガー・ステーキハウス」は、100年以上の伝統が生み出す味だ。

ミートボール

ニューヨークで密かな人気を集めているのがミートボール。実はひき肉好きなので、これだけは外せないとエントリーしてみた。「ミートボール・ショップ」という店名で営業しているので、ぜひチェックしてもらいたい。

ベンダーフード

日本で言うところの屋台だ。何を注文してもいいが、俺のお気に入りは「チキンオーバーライス」と「ジャイロオーバーライス」。どっちも肉が乗ったどんぶりのような弁当。ソースは店員にお任せである。

コーヒー

正直、ブルーボトルのような有名店やスターバックスのようなチェーン店じゃなくて、デリのコーヒーで十分だったりする。

ニューヨークを買う

ニューヨークに行ったならショッピングも重要な楽しみである。俺的買い物スポットをいくつか紹介するので参考にしてもらいたい。

MANHATTAN PORTAGE&TOKEN STORE

メッセンジャーバッグの老舗ブランド。赤い摩天楼シルエットのロゴといえば分かる人も多いだろう。日本でも買えるのだが、せっかくニューヨークにきたのだから、ベタと言われようとも手にしたいところだ。

Tシャツ

年から年中、Tシャツを愛用している身としてはニューヨークでも新しいアイテムをゲットしたくなる。リーズナブルなものがほしいときは、8番街の35～36Stの間にある「JOEY NEW YORK」がいい。1枚1ドルから取り扱っている。ガラにこだわらないなら、巨大スーパー「TARGET」で買える無地のパックTがいい。

日本のTシャツとはシルエットが違うので、ぜひ挑戦してもらいたい。

オリジナル&限定アイテム

ミュージアムショップやショップ限定品が意外なハイセンスだったりする。特に俺がお気に入りなのは、メトロポリタン美術館と国連本部だ。ほかにも飲食店のオリジナルTシャツなんかは、売っているとつい買ってしまう。まさに底知れない魅惑のアイテムなのだ(あくまで俺にとってだが)。

Harlem Underground

ハーレムにあるブランドで、黒人やハーレムをモチーフにしたデザインの服を販売している。どれもカッコいいが、政治的な主張があるように思われないように(そういうのがある人はいいけど)、選ぶときには多少注意を払ったほうがいいだろう。

NEW ERA

アメリカを代表するキャップ・ブランドでありながら値段的には手頃。マンハッタンにある路面店はかなりのアイテム数だが、それを見ているだけで、スポーツとアメリカンファッションが結びついていることが伺える。あと、単純にカッコいい。これが大事なのだ。

EPILOGUE

ニューヨークを避ける青年期を経て、今

なぜニューヨークなのか。本書を執筆するにあたって繰り返し考えた。ニューヨークという街のファンは多い。旅行や留学、仕事で訪れる人も無数にいる。浅いことを書いたら批判されることもあるだろう。書く側からしたらリスクが高すぎる。それでも書くことを選んだのは、ある時期まで意図的にアメリカを避けてきたことが背景にある。その理由を説明するには少々行数が必要だが、お付き合いいただきたい。

振り返ってみれば、海外といえば「アメリカという感じの子ども時代を送ってきた。俺が生まれた1977年は、『スター・ウオーズ』エピソード4が公開された。物心つくころには、テレビで放送されるドラマや映画もアメリカ。特に『グーニーズ』や『スタンド・バイ・ミー』といった少年たちの冒険映画がお気に入りで、録画して何度も繰り返し観た。

そんな俺が大学生になって、いざ海外に出るとなったときに選んだのはアジアだった。

当時、猿岩石がユーラシア大陸を横断し、沢木耕太郎氏の『深夜特急』がドラマ化され、「タイは若いうちに行け」というコピーのCMが流行するなど、アジア・ブームが巻き起こっていた。ただ、そんな世相に流されてアジアへの旅を選んだ

わけではない（少しはあったかもしれないが）。単純に必要な予算が安かったからだ。当時の俺にとってはかなり大事なことだった。ここから俺はアメリカと一切接点のない日々を送ることになる。

「安さ」を選択した呪縛ではないだろうが、金の縛り……貧乏神のようにまとわりついてくる経済的困窮との付き合いはその後も続くことになる。大学院で考古学を専攻していた20代前半。考古学者として身を立てるには、非常に長く険しい道程があることがわかった。どこの大学も教員になるには順番待ち。優秀な奴ほど公務員試験をパスして就職する。民間の発掘会社というのもあったが、将来を任せていい業界なのか当時は判断ができなかった。そうこしているうちに行き場をなくし、日雇いのバイトで、船橋、銀座、たまプラーザなどに行き、デパートの催事場の設営と撤去で日給５０００円をもらう日々がはじまった。いわゆるワーキングプアだ。多い日は２現場まわることもあったので、１か月で10～13万円ぐらいになった。笹塚で５万円のアパートに暮らしていたので、なんとか生きていくだけの日々。将来には不安しかなく、考えることもしなくなっていた。

今でも忘れられないのは、銀座の現場で待機していたとき、仕事を終えた綺麗なお姉さんたちが目の前を通り過ぎていった。憧れたわけでも、ましてやナンパしたかったわけでもない。下心はなかった。路肩に座ったまま、彼女たちを見上げていた。生活レベルの差を感じるだけだった。相当卑屈になっていたんだと思う。そんなこちらの心情を知ってか知らずか、彼女たちは俺が存在していないかのように、視界に入れることもなく、さっそうと銀座の街に消えていった（一連の描写は当時の俺の被害妄想が多分に含まれているので悪しからず）。そんな感じで人生はどん底。それでも引っ越しのバイトを追加して、なんとか貯めた金を持って海外に出ることができた。むしろ、そうやって他の奴らと違うと勝手に上から目線になることで、自分をなんとか保っていた。

空港に向かう朝、大きなバックパックを背負っていると、出勤の人たちの流れと真逆に進んでいくような感じがした。本音では自分が社会から落ちていくだけの存在であるように思っていた。きっと自分の人生の結末はろくなもんじゃない。だけど、どうしようもないから、旅に出るしかなかった。そんなときにいつも思い出す言葉があった。


さまざま人と出会いながら、僕はいつも旅人だった。　星野道夫（写真家）

故・星野道夫が遺した言葉で、ずっと心に引っかかっていた。ひとつの場所にとどまらずに旅を続けることで生まれる出会い。それを大事にするために、また旅に出て、出会いや再会、そして別れを繰り返す。そんな星野の生き方が詰まっているように思えた。

底辺生活を脱して、まともな暮らしができたのは20代後半。出版社に編集者として勤務するようになってからだ。その後、フリージャーナリストとして活動をはじめた。幸いなことに経済的には落ちついている。そうなると考える余裕が出てくる。

かつて海外といえばアジア一辺倒。むしろ専門家として見られることもある。それはそれで満足していた。それでも、心のどこかで「アメリカに行かなかった後悔」が残っていた。どうしても拭いきれない未練を解消しよう。俺の足は自然とアメリカへと向かっていた。

自分の後悔を消して、知りたかったアメリカを立体的に理解するために、批判覚悟でまとめたのが本書だ。それだけに未熟で、非常識なことを書いているかもしれない。それでも、さまざまな人に出会いながら取材を続けるヨソモノの俺が見たニューヨークの物語をまとめてみたいと思った。それこそが、世界中を旅して、時に同じ場所に繰り返し訪れ、様々な人と出会い、すれ違い続けてきた俺の生き方だからだ。これからも同じことを続けるだろう。

最後に、そんな俺の旅に協力してくれたニューヨークの友人たち、日本から支援してくれたニューヨーク好きの人たち、取材に協力してくれたすべての人たちに心からの感謝をお伝えしたい。

丸山ゴンザレス

MATA
HATRED

本書は書き下ろしです。

GONZALES IN NEW YORK

ゴンザレス・イン・ニューヨーク

2018年8月24日　初版第1刷発行
2020年1月20日　　　第2刷発行

著者　丸山《まるやま》ゴンザレス

ブックデザイン　勝浦悠介
編集　圓尾公佑

協力　小神野真弘

発行人　堅田浩二
発行所　株式会社イースト・プレス
東京都千代田区神田神保町2-4-7久月神田ビル
TEL:03-5213-4700
FAX:03-5213-4701
http://www.eastpress.co.jp

印刷所　中央精版印刷株式会社

ISBN978-4-7816-1699-5